자기계발서의
함정에서 벗어나기

최하늘 지음

BELIEVE

목차

0

들어가며

**"인간성이 지닌 존엄성을 존중할 우리의 의무는
근본적으로 우리 자신을 향한 의무이다."**

마이클 로젠, 『존엄성』 178p, 아포리아

———

자기계발에 미친 시대를 살아간다. '성공'만이 강요되는 폭력의 세기. 성공 혹은 패배라는 끔찍한 이분법이 횡횡한다. 자신의 주장만이 진리라는 자기계발서가 미친 것인지, 자기계발서의 말만을 진리라고 믿는 우리가 미친 것인지는 알 수 없다. 다만 이 폭력 속에서 삶을 살아가고 있는 나의 안부를 묻는다면, 글쎄. 나는 안녕하지 못하다. 바로 그 자기계발서에 빠져들어 삶의 순간을 스스로 망쳐버렸기에.

자기계발서가 뭐라고 나의 인생을 이렇게까지 뒤틀 수 있었을까. 자기계발서를 손에서 놓은 지 수년이 지난 지금 이 순간까지도 알 수 없는 노릇이다. 다만 확실하게 말할 수 있는 것은, 내가 자기계발서의 무의미한 주장에 너무나 깊게 베였다는 것. 그리고 나의 온몸과 마음에는 그 상처가 아물지 않은 채 진홍빛으로 선연하다는 것이다.

그렇다고 자기계발서를 무조건 비판하고 싶지는 않다. 나는 있는 힘을 다해서(그러니까, 수십 번의 피나는 퇴고 과정을 통해서) 이 책을 최대한 객관적으로 끌어가려고 노력했다. 자기계발서에 베인 나의 경험을 일반화할 수는 없는 일이니까. 그러므로 나는 나의 이야기를 담아내되, 내 이야기만이 옳다고 강변하지 않았다. 자기계발서를 읽고 있거나, 자기계발서에 빠진 사람들의 옷소매를 꽉 붙잡고 '지금 잘못된 길로 가고 있다'라며 주제넘은 오지랖을 부리지도 않았다. 나는 그저 단순한 질문 하나를 던지고 싶을 뿐이다. 자기계발서의 메시지를 돌아보고, 자기계발서에 대해서 다시 한번 생각해 볼 때가 된 것 아니겠느냐고. 어째서 우리가 자기계발서에 자발적으로 복종하고, 자기계발서의 일방적 주장만을 신봉하며, 우리가 누려 마땅한 자유를 스스로 내버리고 있는지 생각해 보아야 하지 않겠느냐고. 우리가 꼭 답해야 하는 질문을 이어가고 있을 뿐이다.

나는 이 책에 수리적 통계, 심리학적 가설, 뇌 과학, 양자역학과 같은 실증적 정보를 적지 않았다. 이 학문들은 내가 이해하거나 인용할 수 없는 영역이고, 이해할 수 없는 것을 이해한 듯 행세하는 것은 거짓말일 테니 말이다. 하지만 그건 위 학문을 무책임하게 인용하는 일부 자기계발서의 저자들도 마찬가지 아닐까. 그러니 나는 위에서 언급한 실증적 지식을 마음대로 인용하고, 사용하는 자기계발서가 있다면 그 거짓된 시도에 대해서 언제든 반발할 준비가 되어 있다. 요컨대 나는 다른 누구든 내가 겪어왔던 패배와 수치의 시간을 통해 자기계발서와 자기계발서가 품고 있는 허황된 메시지 - 갓생, 끌어당김의 법칙, 퍼스널 브랜딩, 월 1,000만 원 수익, 부의 파이프라인, 동기부여, 글쓰기, 말하기, 성공학 탐구, 인생 레벨 업, 미라클 모닝, 루틴, 독서, 마인드 셋, 책 300권을 읽고 인생을 바꾸는 것, 의지력, 도파민 디톡스, 성공의 비밀 - 를 돌아보기를 원한다. 나아가 자신의 이성적 판단과 자유의지로 삶을 다시금 생각해 보기를 원할 뿐이다.

그렇기에 이 책은 자기계발서가 아니다. 자기계발서를 비판하는 척하면서 자기계발 메시지를 교묘하게 팔아치우는 비겁한 글을 쓰고 싶은 생각도 없다. 나는 다만 다양한 예시를 통해 자기계발서가 어떻게 나의 인생을 뒤틀었는지, 그 경험과 생각을 담아냈을 뿐이다. 그리고 내 역량이 허락한다면, '생존'이라는 인간 근원의 두려움을 자극해서 무차별적 복종을 강요하는 자기계발서의 어두운 이면으로 시선을 넓혀보고 싶다. 그럼에도 다시 한번 강조하자면 나는 그 모든 과정에서 내 생각을 일방적으로 강요하는 것을 경계하려 최선을 다했다. 그것을 확실히 밝혀두고 싶다.

자기계발서에 나온 메시지들을 따라 하며 성공의 꿈에 부풀었던 나는, 자기계발서를 읽지 않는 사람들과 거리를 두었다. 자기계발서를 읽지 않고, 성공의 꿈을 꾸지 않는다니. 그 당시의 나로서는 이해할 수 없는 소극적 태도였다. 자기계발서에 미쳐있던 때(격한 표현이긴 하지만 '미쳐있다'라는 표현이 맞다), 그 순간들의 기억이 여전히 생생하다. 자기계발서의 문구를 빠짐없이 인쇄해서 온 벽마다 붙여두었던 것도, 바를 정(正)자를 붙여가며 수십 권의 자기계발서를 수백 번 읽었던 것도, 마인드 셋이라는 단어가 대중화되기도 전부터 확증편향을 이야기하던 것도, 새벽 4시에 조깅을 나가 육교 위에서 "나는 할 수 있다!"를 외치고 난 후, 피곤해서 하루를 망친 것도, 하나같이 생생하게 기억난다. 애처롭고, 한심하고, 불쌍하면서, 아름다운 시절이었다. 하지만 동기부여 영상을 아무리 찾아보고, 자기계발서적 수십, 수백 권을 읽어도 삶은 달라지지 않았다. 자기계발서를 읽은 지 3년이 지나 그것을 깨달은 순간, 나는 자기계발서를 읽고도 삶이 변하지 않은 스스로를 원망했고, 내가 나약해서 나의 삶을 성공으로 이끌지 못했다고 자책했으며, 나 사신을 혐오하기에 이르렀다. 그렇기에 이 책은 내가 그 혐오를 이겨내고 스스로의 손을 잡으려 했던 치열한 노력의 기록이다.

자기계발서는 매일 수권이 출간되고, 그중 몇 권은 베

스트셀러에 오른다. 수많은 이들이 자기계발서의 '가르침'에 맞게 살아가려고 할 수 있는 한 최선을 다한다. 예전 나의 모습과 같이 자기계발서에 빠진 그들을 비판하고 싶지는 않다. 아니, 오히려 자기계발서를 읽기 시작하는 사람들에게 진심을 담아서 행운을 빌어주고 싶다. 다만 나는, 자기계발서라는 홍수에서 삶의 방향조차 잡지 못한 채 휩쓸려가는 이들의 손을 잡아주려 이 글을 쓴다. 그리고 조금 더 용기를 내어, 자기계발의 허상에서 깨어나 덜덜 떨고 있을 이들에게 애정과 존경을 담은 조심스러운 포옹을 건네려 한다. 그들의 분투를 응원하고, 그들이 내민 손을 잡아주려 손 내밀며, 그들을 위해 글을 남기고 있다. 나와 같은 이유로 길을 잃은 누군가가 그 사실을 기억해 주기를 바랄 뿐이다.

1

마법의 책과 성공하는 비밀의 방법

마법의 책 그리고 한 명의 바보

지난 수 세기에 걸쳐 '마법의 책'에 대한 소문이 퍼졌다. 막대한 부와 권력을 얻을 방법, 요컨대 '성공'의 방법이 기록되어 있다는 꿈의 책. 성공하고 싶나는 일망에 사로잡혀 있는 수많은 사람이 마법의 책을 찾아 나섰다. 하긴, 부와 권력을 얻을 수 있는 비밀이 그 책에 적혀있다는데, 어떻게 마법의 책을 갈망하지 않을 수 있을까. 물론 대다수의 사람들은 마법의 책에 대한 소문을 믿지 않았고, 마법의 책을 찾는 이들을 비웃었지만, 그럼에도 마법의 책에 대한 이야기를 들은 누군가는 그 책이 세상 어딘가에 분명히 존재하리라고 확신했다. 아니, 더 솔직히 이야기하자면, 그 책이 존재해야 한다고 생각했다. 막대한 부와 권력을 안겨줄 수 있다는 그 책의 약속은 너무나 매혹적이었으니까. 그러니 성공을 꿈꾸던 어느 바보도 그 책을 찾아 나섰다.

그렇게, 마법의 책을 추앙한 한 바보의 이야기가 시작된다.

마법의 책에 대한 소문을 처음 들었던 때, 그 바보는 22살 언저리였다. 이 세상 모두가 자신을 우러러보게 만드는 것이 진정한 성공이라고 생각하던 유치한 나이. 그 나이 또래가 으레 그러하듯이, 그 바보 또한 야망은 컸고, 현실적인 대책은 없었다. 그랬기에 꼭 저 마법의 책을 찾아 성공의 비밀을 알아내는 것이 필요했으리라. 우리의 바보는 쉽고, 빠르게 성공해서 떵떵거리면서 살 수만 있다면 더할 나위 없다고 생각했다. 그래서일까. 그는 마법의 책을 찾아야만 했다. 그가 품고 있는 이상은 하늘과도 견줄 수 있을 만큼 높은데, 닿을 수 없는 비루한 현실만이 지루하게 이어졌으니까. 그런 현실 속에서 살아가야 한다는 것은 참을 수 없는 고통이었을 것이고. 그렇게 고통을 겪고만 있던 바보에게, 성공의 비밀을 알려주겠다며 유혹하는 이야기가 담긴 책은 참을 수 없을 만큼 달콤한 것일 수밖에 없었다.

물론 수많은 이들로부터의 조롱을 견뎌야만 했던 누군가는 책 찾기를 포기했고, 다른 누군가는 애초부터 그런 책이 존재하지 않았으리라고 생각하기도 했다. 성공의 비밀 따위 없는 것 아니냐며 의심한 사람도 있었다. 하지만 성공에 대한 욕망으로 가득 찬 누군가는 우직하게 책 찾기를 포기하지 않았다. 그리고 마침내! 찾을 수 없을 것만 같던 마법의 책을 찾아냈다고 환호하는 이들이 속속 등장한다. 사실 그 책은 자신이 성공했다고 주장하는 사람들의 이야기를 모아놓은 책에 불과했지만, 마법과도 같은 성공의 비밀을 찾던 이들은 이 책이 마법의 책이라고 믿었고, 앞서 이야기한 바보도 마찬가지였다.

　자신이 성공했다고 주장하는 사람들은 의외로 쉽게 찾아볼 수 있다. 그들은 자신이 '성공하는 방법'을 깨달았다고 이야기한다. 그리고 그 방법을 전파해서 성공하지 못한 불쌍한 영혼들을 구제하겠다고 선포한다. 그들은 자기가 가지고 있는 재산과 권력이 성공을 증명하니까, 돈과 시간을 내어 자신의 성공담을 배우라고 권유한다. 자신의 가르침만 받으면 누구보다 빠르게 성공하고, 경제적 자유에 다다르며(월 천만 원을 버는 등의), 유명한 인플루언서가 될 수 있고, 만나는 누구나 자신을 좋아하게 될 것은 물론, '갓생'을 살 수 있으니, 충분히 남는 장사가 아니냐고 이야기하면서. 그 매혹적인 말에 혹하지 않을 도리는, 사실 없다. 성공한 삶에 대한 무한한 동경과 패배한 인생에 대한 강박적 두려움을 이용한 이분법. 이 이분법 어디에도 성공에 대한 명확한 비법은 없을 테지만, 이 세상의 수많은 바보는 그걸 몰랐다. 아, 어쩌면 알고자 하지 않은 것인지도 모르겠지만.

이런 종류의 책에서 자신의 성공을 간증하는 사람들은, 스스로가 이러이러한 방법을 써서 성공할 수 있었다는 말만을 반복한다. 그럼에도 그 이야기를 듣는 누구 하나 그들의 말을 부정하거나, 자신의 주장을 뒷받침할 증거를 내놓으라고 하지 못한다. 다수가 하나의 가르침에 복종한다면, 어떠한 주장과 과장도 논리가 되고 법칙이 되기 마련이니까. 논리적 비약이나 과장, 순환논리 따위는 애써 무시한다. 그들의 말만 따르면 나도 성공할 수 있다는데, 그 정도 오류쯤이야 얼마든지 감수할 수 있지 않을까. 그래서인지 그 바보도 마법의 책 찾기를 그만두고 돈과 시간을 들여 성공의 비법을 배우기 시작한다. 그리고 우리는 그들의 가르침이 아로새겨져 있는 책에 존경의 의미를 담아 이렇게 부르기 시작한다.

'자기계발서'라고.

자기계발서의 저자들이 내세우는 논리는 간단하다. 만

약 A라는 인물이 자기계발서를 읽고 난 후 성공에 이르렀다면, A의 성공은 그가 읽고 외웠던 자기계발서의 덕이 된다. 반면 자기계발서를 충실하게 따라 했었음에도 성공할 수 없었던 절대다수의 경우, 자기계발서의 독자들이 겪어야 했던 실패와 고통은 그들의 나약함 탓이 되어버린다. 그러니 자기계발서의 세계에서 실패는 존재할 수 없다. 자기계발서의 저자들은 실패한 사람의 이야기는 묻어놓고, 오직 성공한 사람의 이야기만을 부각한다. 성공했다면 자신의 덕, 실패한다면 당신의 탓. 이 얼마나 쉽고 간단한 방식인지. 그 누구도 실패한 인물에게 주목하지 않는다. 성공담에 주목하며 자기계발서의 놀라움을 이야기할 것이다. 이렇게 효과적이고, 단순하며, 쉬운 공식이 세상 어디에 있을까.

성공담을 내세우는 이들이 믿음직한지는 잘 모르겠다. 그들의 이야기가 증명 가능한지도 또한 알 도리가 없다. 하지만 확실한 것은, 그들이 자기계발서와 강의를 팔아서 막

대한 부를 챙기고 있다는 사실이다. 그들이 성공한 경험을 바탕으로 자기계발서를 쓴 거라면, 최소한 자신의 부가 자기계발서와 무관하다는 증명을 해야 하지 않았을까? 그럼에도 이미 자신의 책과 강의를 팔아 부와 명예를 얻은 인플루언서가 된 이들은, 자신만의 신묘한 '성공 비법'을 계속해서 팔아대기만 - 책을 통해서든, 강연을 통해서든, 혹은 리커버 에디션(더 나아가 리미티드 에디션, 확장판 범우주적 스페셜 에디션)이라는 명목 하에 책의 겉표지를 이리저리 바꾸면서든 - 한다. 성공하는 방법에 대해서 수많은 훈수를 쏟아내지만, 그 훈수가 실제 증명이 가능한지에 대해서 또한 대답하지 않는다. 그저 침묵 속에서 요란하게 책을 팔아 치울 뿐.

확신.

결국 확신이야말로 마법의 책을 찾아다니던 바보와 성공에 목마른 모두가 애타게 원했던 것이다. 자기계발서는 성공을 원하는 이들에게 바로 그 확신을 주었다. 그러니 성공을 원하는 우리 모두가 환호할 수밖에. 자기계발서에는 그 책을 믿고 따르면 언제나 성공할 수 있다는 과잉된 메시지가 가득하다. '~만 하면 성공한다.'라는 자기계발서의 무심한 약속이 얼마나 단순하면서도 매력적인지 자기계발서의 저자는 알까? 그 저자에게 우리는 한 권의 책을 사는 소비자일 뿐이겠지만, 그 책을 읽는 독자는 다르다. 독자인 우리는 자기계발서가 온 세상을 바꾸어 줄 수 있는 유일한 책이라 여긴다. 과연 저자는 이 사실 또한 알까? 그렇기에 어느 한 바보도 마법의 책, 아니, 자기계발서에 미친 사람처럼 파고들기 시작했었다는 사실을, 알고는 있을까?

삶을 망치는 가장 쉬운 방법

―――――

　잠깐 짬을 내어 앞서 소개한 바보의 이야기를 마저 해보자. 아마 눈치를 챘을 것이다. 22살이 되던 해, 우연히 자기계발서를 보고 순식간에 빠져든 바보는 바로 나다. 사실 나는 자기계발서에 빠져들어 미친 듯 읽기 전까지는 자기계발서에 관심이 없었다. 어차피 그저 그런 뻔한 메시지의 반복일 뿐이라고 생각했고, 노력하라는 말을 앵무새처럼 되뇌는 것 외에 아무런 효용도 없다고 생각했으며, 그러니 이런 책을 만들고, 읽는 것은 종이 낭비일 뿐이라고 여겨왔다. 자기계발과 관련된 모든 메시지나 '동기부여'에 관한 글들을 철저히 무시해 온 것은 물론이다. 솔직히 말하자면, '동기부여'라는 단어 자체를 무척 싫어하기도 했다(내 삶을 이끌어갈 동기를 내가 갖고 있어야지, 타인이 '부여'해 준다는 것이 말이 되는 것일까?). 하지만 삶이 제법 팍팍함을 느꼈던 어느 날, 서점에서 아무 생각 없이 집어 들었던 내 생애 첫 자기계발서는, 나의 삶을 송두리째 바꾸어 놓았다. 물론, 내가 전혀 원하지 않았던 방식으로.

그날 내가 읽은 자기계발서는, 소위 '끌어당김의 법칙'을 이야기하는 자기계발서 분야의 베스트셀러였다. 나는 선 자리에서 30분 만에 일독을 마치고, 책을 사서 도망치듯 서점을 빠져나왔다. 심장이 뛰었다. 마치 하면 안 되는 일을 하고 도망가는 어린아이처럼. 집에 돌아와 책을 처음부터 끝까지 다시 읽었다. 이 책을 읽을 때, 나는 '끌어당김의 법칙'이 주는 무한한 긍정과 성공에 대한 확신에 감탄했다.

그리고 이 법칙이 쉽고, 간단하고, 논리적임과 동시에 과학적이라고 생각했다. 그러니 자연스럽게 이 책이 나의 삶을 성공으로 이끌어 줄 수 있으리라고 확신한 것은 물론이다. 내가 원하는 모든 것을 끌어당길 수 있다니. 돈도, 권력도 모두 다 나의 의지대로 끌어올 수 있다니! 이렇게 매력적이고 쉬운 성공의 방법을 두고 내가 그동안 다른 방법을 찾기 위해서 그 고생을 했다는 사실이 너무나 억울했다. 그저 간절한 마음으로, 내가 원하는 것들이 나에게 온다고 생각하면 되는 일이었는데 말이다.

결국, 내가 집어 들었던 이 책이야말로 내가 찾던 '마법의 책'이었다. 나는 이 책을 읽고 또 읽었다. 끌어당김의 법칙을 실제로 시행해 보기 전에 끌어당김의 법칙에 대한 확신을 가져야 했다. 당연히 이 책에서도 확신을 가져야 끌어당김의 법칙이 힘을 발휘할 수 있다고 했고, 나 또한 그렇게 믿었다. 이제 와서 돌이켜보자면 끌어당김의 법칙은 사이비 종교의 맹목적인 믿음 강요와 다를 바 없었는데, 그날의 나는 그런 간단한 생각이나 의심조차 하지 못했다. 나에게 끌어당김의 법칙은 표현 그대로 '법칙'이자, 결코 흔들릴 수 없는 '진리'였다. 그리고 이 확고한 진리는 절대로 무너지지 않을 것이라고 확신했다. 그것이 나의 확신이었다. 그렇게 나는 끌어당김의 법칙을 현실화하기 위해 온갖 노력을 다하기 시작했다.

물론 끌어당김의 법칙을 이야기하는 책은 내가 들고 있던 책뿐만이 아니었다. 끌어당김의 법칙을 시작으로 자기계발서에 깊이 빠져든 나는, 자기계발서에서 설명하는 모든 '법칙'들을 따라 하기 위해 노력했다. 끌어당김의 법칙에 대한 책이 유행을 끌자, 끌어당김의 법칙의 아류들이 판을 쳤다. 하지만 나에게는 그런 책 한 권 한 권이 성공의 이정표였다. 예를 들어 나는 '생생하게 꿈꾸면 이루어진다'라는 '법칙'에도 열광했다. 이런 종류의 책들은 서로가 서로를 모방하며 자신의 책만이 유일한 법칙이라고 주장했다. 내가 그 사실을 의심하지 못한 바는 아니었으나, 애써 눈을 감고 주어진 법칙을 따라 하기 위해서 노력했다. 그래야 성공할 수 있다고 책에 적혀있으니까. 어쩔 수 없는 일이었다. 나는 내가 찾을 수 있는 과거와 현재의 모든 자기계발서를 찾아 읽었다(과장이 아니다. 나는 내가 찾을 수 있는 '모든' 자기계발서를 읽었다). 그 당시의 내가 자기계발서 수십 권을, 수백 번 읽었다면 믿을 수 있을까?

내가 읽었던 어느 자기계발서는 - 사실, 대부분의 자기계발서가 그러했지만 - 내가 바라는 것을 계속 쓰고, 생각하고, 말로 외면 성공할 수 있다고 주장했다. 그 이야기를 들은 나는, 내가 손에 넣기를 원하는 그 무엇이든 읽고, 외웠고, 읊었고, 소리쳤다. 자기계발 메시지를 담은 책을 베껴 쓰고 또다시 썼다. 새벽 4시에 조깅을 나가서 육교 위에 올라 "나는 할 수 있다!"라며 미친 듯이 외쳐대기도 했었다(물론 목이 쉬었던 것 외에 달라진 것은 없었지만). 어떤 책은 본능적인 간절함을 따라야 한다고 주장했다. 예를 들어 수면시간을 생각해 보자. 수많은 자기계발서는 사람이 4시간만 자고 움직여도 충분하다고 이야기한다. 수면은 적응의 영역이라, 적게 자는 것도 얼마든지 '배워 익힐 수 있다'라고 주장하며. 그들은 하루에 극히 적은 시간을 잤던 역사적 인물들의 사례를 끌어와 주장의 논거로 삼는다. 저자는 이야기한다. 누구나 4시간만 자도 활동할 수 있다고. 성공을 간절하게 원하면 충분히 가능하다고. 만약 오래 잠을 잔다면 그건 핑계와 패배주의적인 사고에 빠진 나약한 사람에 불과하다고. 그러니, 4시간 이상 자고 패배자로 사는 것과, 4시간만 자고 성공한 사람으로 사는 것 중에 하나를 고르라고. 당연히 나는 패배자가 되고 싶지 않았다. 그래서 책을 보고 난 이후로 하루에 4시간만 자는 것을 선택했다. 무슨 수를 쓰더라도 성공하고 싶었으니까. 성공해야만 했으니까. 인간의 기본적 욕구이자, 생존의 필수조건인 수면 따위는 무시해도 될 수 있을 줄 알았다.

나는 잠이 많다. 하루에 7시간 이상을 자야 정상적인 생활이 가능하다. 그럼에도 자기계발서에 빠진 나는, 생활 리

듬조차 '간절함'으로 바꾸어 낼 수 있다고 생각했다. 수면 습관도 얼마든지 끌어당길 수 있었으니까. 그리고 자기계발서에서 말하길, 성공한 사람들은 모두가 수면시간을 최대한 줄여 일을 하는 데 집중했다고 하였고. 그러니 나 또한 피곤함도, 고통도 이겨낼 수 있을 줄 알았다. 결심했다. 매일 12시에 자서, 4시에 일어나기로. 어떻게 보면 미라클 모닝의 선두 주자였던 셈이다. 그때 미라클 모닝에 대한 책을 쓰고, 그 돈으로 넉넉하게 살아갈 것을. 나는 돈이 될 법한 아이디어는 생각조차 못 한 채로, 해서는 안 되었을 의미 없는 행위 - 억지로 일찍 일어나는 것 - 만을 반복했다. 억지로 일찍 일어나니까 당연히 하루 내내 졸았고, 온종일 예민한 상태였다. 명확한 판단을 내리지 못한 것은 물론이고, 물품 배송을 가다가 사고가 난 적도 여러 번이었다. 잠을 못 잤으니 종일 고통을 겪는 것이 당연한 일이었지만, 나는 그 모든 증상이 '독기'가 부족해서 벌어지는 일이라고 자책했다. 매일 자명종에 의지해(그때 나는 핸드폰 알람과 자명종 4개를 더해서 총 5개의 알람을 머리맡에 두고 잤다)

34
자기계발서의 함정에서 벗어나기

일어났다. 쓰러지듯 잠이 들 때도 내일 깨어날 일이 두려웠다. 어느 날 내가 정한 수면시간을 지키지 못하고 4시간 조금 넘게 잤던 때, 이 세상 최악의 패배자가 된 것 같다는 좌절감이 얼마나 컸었는지 아직도 생생하기만 하다. 짧은 수면에 대한 나의 동경은 가히 강박적인 집착이었다.

그래, 당시에 나는 정말 간절한 마음으로 움직였다. 내가 '치열함' 그 자체인 것처럼. 성공할 수 있다면 무엇이든 할 것처럼. 내 주위의 사람들이 나를 걱정할 정도였다. 그럼에도 나는 아랑곳 않았다. 다만 몇 초간의 자투리 시간까지 아껴서 주어진 일을 하기 위해 노력한 것은 물론이다. 아니, 그래야만 했다. 분명 내가 읽은 책들에서는 간절히 끌어당기기만 하면 나도 성공할 수 있다고 했으니까. 명상, 확언, 마인드 셋, 외우고 듣기, 다른 사람들 앞에서 선언하기. 자기계발서에서 시키는 모든 것을 다 했고, 모든 것을 다 바칠 수 있을 만큼 간절하게 끌어당겼다(아마 그때의 내 모습을 찍는다면, 정말 멋진 동기부여 영상이 나왔을 것이다). 나는 할 수 있는 한 최선을 다해서 성공한 나의 모습 - 펜트하우스와 슈퍼카를, 요트와 돈을 갖고 있는 - 을 끌어당겼기에, 성공할 수밖에 없으리라고 생각했다. 내가 끌어당긴 무언가가 이루어지지 않는다면, 간절하게 끌어당기지 '못한' 내 탓이었겠지만, 나는 간절했으니까 괜찮았다. 지금 돌아보면 정말 억지에 가까운 논리다. 그럼에도 그때의 나는, 다른 누군가에게 이런 잘못을 불평할 수도 없는 상태였다. 그렇게 점점 악몽으로 빠져들기 시작했다. 아니, 악몽 속으로 스스로를 밀어붙였다.

자기계발서를 읽고, 자기계발서에서 이야기하는 성공의 방법을 정말 한 치의 의심도 없이 믿었다는 이유 하나만으로, 잘 다니고 있던 대학교를 망설임 없이 사퇴해 버렸다면, 믿을 수 있을까? 믿기 어려울 수도 있겠지만 사실이었다. 바로 내가 그렇게 했으니까. 그 당시 나는 내가 끌어당기고 있던 '사업을 통한 부와 성공의 달성'을 위해 하루라도 빨리 움직여야 한다고 생각했다. 나의 성공이 이미 정해져 있고,

내가 성공을 간절하게 끌어당기고 있는데 굳이 대학교에서 몇 년 더 보낼 필요가 없다고 생각했다. 끌어당기면 될 텐데 시간을 낭비하는 것처럼 멍청할 필요는 없었으니까. 그래서 자퇴했다. 자퇴의 다른 이유를 솔직히 밝히자면, 세계 최고 부자 중에 중퇴생이 많다고 들어서였다. 유치하지만, 나도 어차피 성공할 테니 중퇴생 성공 신화를 쓰겠다는 생각이었다. 이런 나를 가족을 포함한 그 누구도 말리지 못했다. 어떤 소리도 듣지 않았고, 어떤 걱정도 받아들이지 않았다. 그렇게 자퇴서를 내고 돌아오는 날, 나는 '성공'을 위해서 필요한 모든 장애물이 사라졌다는 생각에 진심으로 기뻐했다. 돌이켜보면 실소가 나오지만, 나는 그날을 기념하며 케이크도 먹었다.

　대학교를 자퇴하고 집으로 돌아오는 길, 나는 그날 바로 사업자 등록을 했고, 그간 생각해 오던 사업을 시작했다. 부와 성공에 대한 아이디어가 일렁이는 파도처럼 솟아올랐다. 그렇게 성공만을 생각하는 나의 머릿속은 태풍 속

풍향계처럼 미친 듯이 돌았다. 수많은 아이디어가 생각나고 사라졌다. 하나하나 내가 간절하게 끌어당긴, 나를 성공으로 이끌어 줄 아이디어들이었다. 나는 쌓여가는 아이디어들 가운데 가장 먼저 무역업을 시작했다. 뜬금없다고 생각할 수도 있겠다. 하지만 나는 1차로 무역을 해서 성공한 뒤에 거대한 물류창고를 하나 갖고 싶었다. 물론 나는 무역회사에 근무한 적도 없고, 심지어 수입이나 수출에 대해서 아는 것이 아무것도 없었다. 그에 더해서 물건을 수입해 오면, 그 물건을 팔아줄 판로를 개척해야 한다는 당연한 생각조차 못 할 정도로 사업에 대해서 백지상태였다. 아무것도 모른 채 성공을 끌어당길 수 있다는 믿음 하나로 사업을 시작했다. 내가 쓸 수 있는 모든 돈을 투자하는 데 주저하지 않았다. 물론 아무런 준비도 근간도 없던 상태였으니 사업이 어려움을 겪고, 내가 빚의 구렁텅이에 빠져드는 것은 당연한 수순이었는지도 모르겠다.

'준비도 안 하고 사업을 시작하니까 그렇지'와 같은 꾸짖음을 들을 일은 아닌 것 같다. 그 '준비' 또한 끌어당길 수 있다는 것이 끌어당김의 법칙이 갖고 있는 완전성이었으니까. 그리고 나는 그 완전성을 믿었던 것이고. 그와 같은 이유로 당시의 나는 이 실패 또한 내가 충분히 끌어당기지 못해서 생겨난 것으로 생각했다. 어쩔 수 없었다. 끌어당기지 못한 나의 잘못일 테니, 수습해야지. 나는 벌 받는 아이처럼 온갖 판매처를 다니며 물건을 팔기 위해 노력했다. 하지만, 달라지는 것은 없었다. 내가 수입해 온 것이 차라리 옥 장판 같은 것이었으면 바닥에 깔고 잠이라도 잤겠지만, 이 제품은 전혀 쓸모없는 인테리어 용품이었다. 악성 재고를 떠안은 나는, 얼마 되지도 않던 돈이 전부 사라지는 것을 목격했다. 그리고 속절없이 시간은 흘렀다. 그 시간만큼 빚의 늪에 더욱 깊이 빠져들어 간 것은 물론이다. 제발 이 어려움에서 꺼내달라고 온 우주를 향해 바라고, 최선을 다해 무한한 에너지를 끌어당겼지만, 마찬가지로 달라지는 것은 단 하나도 없었다. 사실 이 정도로 아픔을 겪었다면 자기계발서가 틀린 것은 아닌지 한 번이라도 의심해 볼 법했지만,

나는 자기계발서를 단 한 순간도 손에서 놓지 않았다. 맞다. 다시 한번 말하지만, 나는 자기계발서를 믿었고, 끌어당김의 법칙을 맹신했다. 그리고 맹신에는 의심이 따를 수 없다. 이 모든 바보와도 같은 경험들은 내가 자기계발서를 읽고서 단 1년 만에 저지른 일들이었다.

그렇게 어려움을 겪으면서도, 사람을 만나야 성공할 수 있다는 자기계발서의 가르침을 따라 온갖 네트워크 행사에도 참여했다. 물론 나는 지극히 내향형이었는데, 내향형인 사람이 자기계발서 속 성공한 인물들(그러니까, 외향적이고 언제나 에너지가 넘치며 긍정적이고 쾌활했던 '완성형'의 사람들)을 따라서 살아가는 것이 얼마나 힘들었는지는 상상의 영역으로 두겠다. 다만 어느 순간부터 외향적인 행세를 하며 다른 사람들을 만나는 것이 커다란 압박으로 느껴지기 시작했다. 그래도 어쩔 수는 없었다. 그렇게 해야만 '성공을 위한' 인맥을 만들 수 있다고 하니 따르는 수밖에. 나는 없는 시간과 바닥난 에너지를 쪼개고 쪼개어 의미도 없는 사업 네트워킹 행사에 갔다. 그리고 있는 힘을 다해 외향적인 사람인 척 연기를 했다. 그렇지만 이 형편없는 연기는 하루에 딱 30분 정도만 해낼 수 있었다. 그 뒤에는 기진맥진한 채로 다른 사람들이 말을 안 걸기를 바라며 벽 앞에서 있거나, 사람들의 시선을 피해서 가방을 챙겨 들고 도망쳐야만 했다. 그리고 그때 내가 느끼는 감정은 딱 '울고 싶다'였다. 이렇게 도망치는 것은 전혀 말이 안 되는 일이었으니까. 나는 자기계발서에서 이야기한 대로만 하면 성격까지 바뀔 수 있으리라고 믿었다. 아니, 자기계발서는 내가 성격까지 바꿀 수 있다고 확언해 주었다. 끌어당기면, 생생히 그리면, 꿈과 열정을 가지면 모두가 가능하다고 말한 것은 물론이다. 하지만 내 성격은 전혀 바뀌지 않았다. 언제나 내향적이고, 소심했다. 이 소심함까지 내 잘못일까. 나는 매번 행사장에서 도망치듯 빠져나와 집에 돌아가는 버스 안에서 그 생각을 내려놓지 못했다.

하지만, 이런 미미한 - 그리고 전력을 다한 - 노력에도 불구하고, 내가 이룬 것은 단 하나도 없었다. 그리고 '이 말대로 하면 된다던데 왜 나는 안 되지? 내가 나약해서 그런 건가? 아니면, 나에게 다른 문제가 있는 걸까?'라며 자책했다. 그래, 그 당시의 나는 차라리 스스로를 탓하면 탓했지 감히 자기계발서와 자기계발서의 가르침들을 의심하지 못했다. 그때의 나에게는 자기계발서에서 얻은 '확신'을 제외하면 남는 게 아무것도 없었으니까. 그 확신을 의심한다는 것은 내가 지금까지 벌여 온 모든 것을 의심하는 것과 같은 의미였다. 자기계발서를 성경처럼 여기던 나에게, 자기계발서의 메시지를 따라 하지 못하는 패배자의 삶을 살아간다는 것은 정말 아픈 일이었다. 나는 어떻게 해서든 끌어당김의 법칙에 따라 성공을 끌어당겨야 했다. 무엇이든 끌어당겨 자기계발서에 대한 내 믿음을 증명해야 했다. 하지만 그 어느 것도, 정말 그 어느 것 하나도 나에게 허락되지 않았다. 하는 것마다 실패였고, 내딛는 길마다 좌절이었다. 나는 그게 참 두려웠다. 그래, 그건 분명 슬픔이 아니라 두려움이었다. 자기계발서가 틀렸다는 두려움. 혹은, 내가 믿고 있는 하나의 신념이 틀렸다는 두려움.

이론상으로는 참 간단했다. 자기계발서에 적혀있는 그대로만 살아가면 되는 일이었으니까. 사실 그렇게 어려울 것도 없었다. 마치 이성이 마비된 것처럼, 혹은 하나의 지독한 사이비 종교에 빠진 신도처럼, 그냥 그렇게 살면 되는 일이었다. 그러니 나는 한 마리의 씩씩한 좀비처럼 살아갔다. 자기계발서는 그런 나의 이성을 철저하게 마비시켰고, 복종만이 허락되는 세상에 가두었다. 의문을 제기할 수도 없는 복종. 나 자신의 선택이었기에 아무도 원망할 수 없는, 자발적 복종의 이야기가 이어진 것이다.

야, 너 요즘 뭔가 미친 것 같아

―――――

"야, 정신 좀 차려. 너 요즘 진짜 미친 것 같아"

자기계발서에 빠진 나. 그런 나를 진심으로 걱정해 주었던 한 친구. 그 친구는 내가 자기계발서를 읽기 시작한 후로, 무언가 이상해진 것 같다고 이야기해 주었다. 나의 말투나 행동, 표정과 사고방식까지 어느 이상한 사이비 종교에 빠진 광신도 같다며 심각한 표정으로 나를 바라보았다.

당연하게도 자기계발서에 빠져있을 때의 나는 그 말을 전혀 귀담아듣지 않았다. 나는 오히려 '조금만 기다리면, 내가 성공해서 직접 증명해 보여주겠다'는 식으로 눙치고 넘어갔다. 하지만 지금에 와서 돌이켜보니, 그때 나에게 건넸던 내 친구의 우려는, 내가 자기계발서에 얼마나 깊고 철저하게 빠져 있었는지에 대한 방증이었다. 아니, 조금 더 솔직하게 이야기하자면, 내가 자기계발서에 어찌나 단단히 미쳐 있었는지를 잘 나타내 보여주는 것이기도 했다. 그날, 나의 친구는 용기를 내어 나의 이상함을 지적해 주었다. 하지만 나는 그 친구의 우려를 받아들이기는커녕, 표현 그대로 '광신도'처럼 자기계발서의 가르침에만 목매고 있었다.

늪과도 같은 자기계발서의 순환논리에 빠졌다가 가까스로 벗어난 이들이라면 쉽게 동의할 수 있을 것이다. 단 한 번이라도 자기계발서의 메시지를 이성적으로 바라볼 수 있다면, 자기계발서와 개인의 성취 사이에는 어떤 상관관계도 없다는 사실을 알아차리게 되리라고. 당신이 자신의 목표를 성취하였다면 그 성공을 끌어낸 주체는 당신이지, 자기계발서라는 종이 뭉치가 아니다. 그리고 그것을 얻어내기 위해 필요했던 것은 당신의 노력과 인내 그리고 실천이었지, 자기계발서에서 이야기하는 허황되고, 고양되어 있는 메시지나 끌어당김의 법칙이 아니다. 요컨대 자기계발서는 당신의 성공에 어떤 것도 기여하지 않았다. 물론 당신의 성공은 짧은 영상에 웅장한 배경음악, 윽박지르거나 울먹이는 내레이션이 들어간 동기부여 영상이나, 동기부여를 해준다는 책의 결과물도 아니고, '독기'를 심어준다는 '누구누구의 독설'과도 같은 제목으로 인터넷에 떠도는 주제넘은 글들이 만들어낸 것도 아니다. 당신은 오로지 당신일 뿐이고, 당신 앞에 있는 것은 당신이 만들어낸 결과물일 수밖에 없다.

그럼에도 당신이 자기계발서에 빠져있다면, 당신은 자기계발서를 읽지 않은 이들과는 전혀 다르게 행동할 것이다. 당신은 이내 자기계발서와 그 책의 성공담을 무분별하게 받아들이게 될 것이다. 그리고 자기계발서의 메시지가, 동기부여와 독설이 성공을 끌어낼 것인 양 믿게 될 테고. 내가 해낸 것은 자기계발서에 의한 것이고, 나의 실패는 완전하게 나의 잘못이라고 여기게 될 것은 물론이다. 그렇게 성공과 실패의 과정을 몇 번 거치고 나면, 당신은 자기계발서를 무조건적인 진리로 생각하게 된다. 그리고 그 책에 완전히 의존하게 되고 만다. 어떠한 의심의 여지도, 저항할 의지도 산산이 무너지고 마는 것이다.

그때부터 자기계발서에 빠진 사람은 표현 그대로 '광신도'가 된다. 광신도로서 우리는 자신이 모시는 절대적 존재 앞에 모든 것을 내려놓고, 그 존재의 '가르침'만을 따라 지극히 의존적인 존재로 살아가게 된다. 그저 자기계발서의 가르침을 믿고 그대로 행하면 된다. 판단은 절대자가, 아니 절대자의 복음을 담아낸 바로 이 자기계발서가 해 줄 것이다. 자기계발서는 이미 나에게 성경을 뛰어넘는 책이 되어있었다. 자기계발서의 저자는 그 복음을 해석하고, 가르쳐주고, 책을 써서, 판다. 그러면 나는 편안하고 안락하게 '자, 이것 봐. 이렇게나 많은 사람이 나와 같이 자기계발서를 믿고 활동하잖아'라고 생각하며 자기계발서를 펼친다. 다시 말하지만, 자기계발서에 대한 우리의 논의는 철저하게 '믿음'의 문제였으니까.

도대체 언제부터 자기계발서가 종교의 영역에 올라선 것일까. '성공'을 볼모로 삼아, 자기의 말을 듣거든 성공하게 만들어 주겠다는 기약 없는 약속을 우리가 왜 믿어야 하는 것일까. 비가 올 때까지 기우제를 지냈다던 인디언 기우제처럼, 성공한 소수의 사례만을 부각하고, 실패한 사례는 절대 이야기하지 않는 이 뒤틀린 믿음이 온당하기는 한 것일까. 과연 이 종교적 복종을 선택하는 이유는 무엇일까. 어쩌면 우리는 인간의 굳건한 이성이 아니라, 복종하고 따라야 할 우상과도 같은 믿음이 필요한 것 아닐까. 강요당하고, 지배당하는 것이 우리 삶에 가장 적합한 형태라고 생각하는 것일까. 더군다나 우리가 추구하는 것이 부와 명예라면, 지배당하더라도 믿어볼 가치가 있다고 생각하고 있는 것일까.

하지만 광신도인 우리는, 언제나 고개를 끄덕인다.

믿었으니까.

무슨 말이 그렇게 많아, 그냥 좀 해

―――――――

"흙수저였지만, 노력과 근면으로 '갓생'을 살아 00억 원대 부자가 된 OOO"

요즈음 유튜브 영상이나 인터넷 게시글에서 참 많이 접할 수 있는 스토리다. 이런 종류의 이야기는 대부분 유사하다. 전제는 언제나 자신이 엄청나게 힘든 상황에서 살아왔다는 것이다. 어릴 때 경제적으로 힘들었다거나, 이전

직장을 다니면서 우울증, 공황장애, 대인기피증을 겪었다는 이야기도 빠지지 않는다. 그리고 그들은 그 현실을 이겨내고자 하루에 4~5시간만 자고 일하는 노력 끝에(혹은 책을 몇백 권씩 읽었다든지, 하루에 글을 몇 시간 썼다든지), 이렇게나 젊은 나이에도 불구하고 매출 00억 원을 올리는 규모의 사업체를 운영하게 되는 성공을 거머쥐었다(유사한 시리즈로 경제적 자유를 누리게 되었다, 부의 파이프라인을 만들었다, 인플루언서가 되었다, 브랜드화에 성공했다 등이 있다)고 이야기한다. 정말 간단한 구조의 이야기이지만, 그만큼 많은 사람들에게 영향을 끼치는 이야기이기도 하다.

그 이야기의 주인공들은 자신이 저술한 책과 찍은 영상으로 자신이 누리는 부와 명예, 권력을 은근히 자랑한다. SNS에는 수많은 사람 앞에서 강연하는 사진, 부유함을 누리는 사진 등을 올려놓고 자신의 성공을 뽐내기도 한다. 그래, 그들은 성공을 이야기한다. 자신이 성공으로 가는 지름

길을 알고 있다고 홍보하는 것은 물론이다. 그리고 '기꺼이' 자신의 경험을 나누어 줄 테니, 책을 사거나 강의를 들으라고 권유한다. 물론 그들처럼 성공하기를 원하는 누군가는 책을 사고, 강의를 듣는다. 그렇게 자연스레 그들의 추종자가 되어가는 것이다.

인정하자. 그들의 성취는 어느 정도 사실일 것이며, 그들이 그 성취를 위해서 노력한 것 또한 부인할 수 없다. 그리고 나는 그들이 견뎌왔던 그 분투를 존중한다. 그들이 갖고 있었을 최소한의 열정마저 부정하는 것은 분명 불공평한 일이다. 그럼에도 그가 '운'과 같은 비정형적 요소의 도움을 받았다는 것 또한 명확한 사실이라고 생각한다. 성공이 노력만으로 해결되는 문제였다면, 성공했다고 주장하는 사람의 삶을 '그대로' 따르기만 해도 '똑같은' 성공의 과실이 맺혀야 한다. 하지만 이 세상에 그런 과실은 존재하지 않는다. 알다시피 세상은, 그런 식으로 움직이지 않는 법이다. 그럼에도 그들은, 자신의 성공이 오로지 자신의 노력과 실력만으로 이루어졌다고 강조하며 마초의 기질을 뽐낸다. '그들만 그대로 따라 하면 나도 분명 성공할 수 있을 거야!'라는 헛된 믿음을 전파하면서.

우리는 우리가 원하지 않더라도 그들의 이야기를 자주 접하게 된다. 자기계발의 메시지는 수단과 방법을 가리지 않고 퍼져나가니까. 심지어 유튜브의 숏츠나, 인스타그램의 릴스와 같이 짧은 영상 플랫폼에도 '동기부여'를 해주겠다고 이야기하는 영상이 추천되고는 한다. 물론 그런 영상들의 구조는 참 간단하다. 웅장하고 심장을 뛰게 만드는 배경음악을 깔고, 약간은 울부짖으면서도 확신에 찬 목소리를 내레이션으로 들려준다. 그런 영상들을 보고 있자면, 지쳐서 좀 쉬어야겠다고 생각을 하다가도 당장 자리를 박차고 일어나 무언가를 해야 할 것만 같은 강박적인 초조함에 빠져들게 된다. 자연스레 자신에 대한 부끄러움과 자괴감을 느낀다. 이 영상을 보고 나니 나 혼자만 쉬고 있고, 다른 모두는 - 그러니까 나의 경쟁자들은 - 모두 자신의 발전을 위해 무언가를 하고 있을 것만 같다. 동기부여의 메시지들은 그 정도로 쉽고, 빠르고, 직관적으로 사람을 압도한다. 물론 영상뿐만이 아니다. 책, SNS 메시지, 사진 등 '동기부여'를 시켜준다는 매체의 종류는 다양하다. 그리고 그 메시지들은 보통 대부분의 사람을 부정적인 방향으로 흔들어 놓는다.

어떤 책들은 조금 더 본격적으로 나서기도 한다. 성공한 사람들이 반복해서 주장하는 흔하디흔한 메시지나 교훈에 '과학'을 접목하는 것이다. 이를테면 동기부여를 과학적 실험과 엮어놓는 것과 같이. 이런 종류의 책들은 명목상이나마 과학에 기반을 둔만큼, 전달하려는 메시지를 조금 더 설득력 있고 세련된 방식으로 포장할 수 있다. 이는 주로 해외에서 '저명한' 뇌 과학자나 심리학자가 저술하고 우리나라로 수입된, 과학적 자기계발시기 택하는 방식이다. 요컨대, '전문가'라는 권위에 기대는 것인데, 효과는 참 좋다. 예를 들어 하버드 대학교나 예일 대학교, 스탠퍼드 대학교나 펜실베이니아 주립대학교같이 모두가 선망하는 최상위 교육기관에서 받은 심리학 관련 학위나 뇌과학 관련 학위(교

수까지 겸한다면 더더욱 좋다)가 있다면, 일단 베스트셀러의 문턱을 통과할 수 있다. 거기에 더해서 미국 온라인 책 판매 사이트 베스트셀러, '000만 부 기적의 판매'와 같은 의례적인 광고 문구, 온라인 강의 플랫폼에서의 강연과 그 강연의 열풍으로 인한 수천만 회 재생 이력, 기업 CEO 대상 동기부여 강의 진행(학생들 대상 동기부여 강의는 굳이 할 필요 없다. CEO 대상이면 충분하다), 이름 몇 번 들어보았던 유명인과 언론의 추천. 딱 이 정도면 자기계발의 바이블이 되기에 충분하다.

이 정도의 이력을 갖고 있는 사람의 발언 혹은 연구 결과를 담은 책은 그 자체로 하나의 권위가 된다. 그리고 우리는 그 권위를 거부하거나 반박할 수 없다. 일단 권위를 가진 사람들이 이야기하는 것은 '과학적'으로 증명된 것처럼 보이고(그들의 주장에 오류가 있을 가능성은 애초에 무시된다), 그런 종류의 이야기는 소위 '있어' 보이니까. 비판할 수도, 의문을 제기할 수도 없는, 권위에 호소하는 논증이 쉽게 사용된다. 일반적인 독자들은 저자가 주장하는 '연구 자료'에 대해서 비판적 접근을 하기가 쉽지 않다. 언어나, 자료에 대한 접근성 때문에 책을 비판적으로 바라보기가 어렵기 때문이다. 근래 자기계발서의 맹점들을 낱낱이 지적한 서적들이 하나 둘 소개되고 있는데도, 아직까지 자기계발 분야 권위자들의 이야기가 많은 사람들로부터 신뢰받는 이유다. 저자가 누가 되었든지 권위를 앞세운 이론은 가설이 되고, 가설은 법칙이 된다. 연구의 적절성이나 근거의 타당성에 대해 의문이 제기되는데도 불구하고 법칙에 대한 의심은 허락되지 않는다. 마치 '파스칼의 내기(Pascal's Wager)'처럼.

파스칼의 내기는 절대자 즉 신에 대한 믿음을 4가지로 구분해 둔 일종의 종교적 변증법이다. 예컨대 (1) 만약 신이 존재하지 않는다면, 내가 지금 신을 믿고 있는 경우라도 잃을 것이 없다. 사후에 지옥으로도, 천국으로도 가지 않을 테니까. (2) 하지만 신이 존재하고 있고, 내가 그 신을 믿고 있다면 - 다시 말해서 신이 존재한다는 방향으로 베팅했다면 - 신을 믿은 나는 사후에 천국에서 영원한 행복을 얻을 수 있을 것이다. (3) 반면, 신은 존재하지 않고, 나도 신을 믿지 않는다면 내가 얻을 수 있는 것은 하나도 없으나(결국 본전일 테니까), (4) 신이 존재하는데도 신을 믿지 않는다면 나는 지옥으로 떨어지게 될 것이다. 결국, 이 추론에 따르면 신을 믿는 것이 썩 나쁜 선택은 아니게 된다. 가만, 그렇다면 자기계발서의 메시지를 믿는 것도 나쁘지 않은 것 아닐까?

하지만 '파스칼의 내기'에는 문제가 있다. 이 변증법은 애초에 천국, 지옥 그리고 신이라는 전제를 진실이라고 간주한다. 전제가 진실이므로 이 논증의 결론은 언제나 '참'이 되고는 한다. 결국 파스칼의 내기는 신의 존재를 합리화하기 위해 계산된 논리가 아니냐는 의문이 생긴다. 또 다른 문제는, 신의 존재라는 가설을 유지하기 위해 시간과 자산 그리고 노력 - 교회에 나가 헌금을 하는 등의 - 이 필요하다는 점이다.

그렇다면 파스칼의 내기를 자기계발서와 성공의 관계에 적용하면 어떨까? 아래는 파스칼의 내기에서 틀을 빌려 만든 예시인데, 이 예시를 자기계발 사고방식에 적용한다면 우리는 다음과 같은 결과를 얻을 수 있다. (1) 만약 자기계발서를 읽지 않고, 성공도 못했다면 그는 패배자의 삶을 살게 된다. (2) 자기계발서를 읽었는데 성공하지 못했다면 그는 자기계발서를 절실하게 믿지 않은 것이 분명하다. (3) 반면 자기계발서를 읽고, 성공에 이른다면 승자의 삶을 누리게 된다. (4) 자기계발서를 읽지 않았는데 성공에 이르면 더할 나위 없는 완벽한 이익이다. 즉, 자기계발서의 지지자들은 자기계발서를 읽고 그것을 믿는다면 무조건적 성공에 다다를 수 있다고 간주한다. 자기계발서에는 오류가 없고, 언제나 옳을 뿐이니까.

자기계발서나, 자기계발 메시지를 파는 사람들은 파스

칼의 내기처럼 한결같은 오류에 빠져 있다. 자기계발서에 빠진 사람은 자기계발서를 읽고 유명 자기계발 강사의 강연을 들으면 성공에 가까워진다고 생각한다. 성공을 위한 대부분의 강연은 유료고 비용이 꽤 비쌈에도 그들에게는 그 시간과 비용은 고려 대상이 아니다. 자신은 무조건 '성공'한다고 전제한 후에, 자기계발서가 자신을 성공으로 이끈다는 이야기를 굳게 믿을 뿐이다. 강연을 들으면 성공에 다다르게 될 확률이 얼마만큼 높아지는지와 같은 생각도, 당연히 자기계발서를 읽는 이들의 고려 요인은 아니다. 그저, 성공을 믿을 뿐이고, 성공에 대한 '투자'라고 생각할 뿐이니까.

그러니 자기계발서는 성공이라는 욕망의 가능성을 변호하기 위해 사용하는 철 지난 논리일 수도 있겠다는 데까지 자연스레 생각이 미친다. 자기계발서에는 결과와 가정이 교묘하게 뒤섞여 있기에, 저자의 주장은 꽤 효과적이고 빠르게 독자의 무의식을 파고든다. 거기에 자기계발서가 자신의 삶을 바꿨다는 광신도들의 간증이 더해지면, 자기계발서는 완전무결한 논리적 타당성을 갖게 된다. 혹여 누군가가 그들의 가르침에 의문을 제기한다면, 그에게는 '노력도 하지 않고 의심만 하는 패배자'라는 억울한 누명이 씌워진다. 그러니 누구도 자기계발서에서 제시하는 가르침을 의심하지 못한다. 자신이 '패배자'라는 것을 인정하고 싶지 않기 때문이다.

지금까지 살펴본 것처럼, 자기계발 혹은 자기계발서가 품고 있는 메시지에 대한 '의심'은 허락되지 않는다. 자기계발서를 읽으려 손을 뻗은 독자는 보통 세 가지 모습을 보이고는 한다. (1) 자기계발서에 대한 절대적 신뢰를 갖거나, (2) 무슨 이런 헛소리가 다 있느냐며 자기계발서를 읽다 말고 집어던지거나, (3) 그리고 그 사이 어딘가에서 필요한 내용만 발췌해 삶에 적용하겠다거나. 하지만, 자기계발서는 한결같이 독자를 향해 복종 아니면 거부를 선택하라고 강요한다. 너무 극단적인 관점이라고? 하지만 사실이다. 자기계발서에 대한 의심은, 자기계발서가 강조하는 메시지의 근간을 뒤흔드는 힘을 가지고 있으니까.

　'어? 이게 가능한 건가?' 혹은 '정말? 이게 실제로 이루어질 수 있다고?'와 같이 작은 의심만으로도 자기계발서의 메시지는 그 힘을 잃는다. 자그마한 균열이 둑을 무너뜨리는 것처럼. 그러니 마지막 그룹 - 필요한 부분만 발췌하겠다는 - 은 자기계발서의 저자가 제일 꺼리는 부류다. 자기계발서는 입을 닫고 그 메시지를 신봉할 독자를 원한다. 그리고 그렇게 충성스러운 독자를 만들어 내기 위해서 자신의 성공담을 판다. 자기계발서가 팔고 있는 성공담은 너무나 매력적이다. 그러니 우리는 자유의지까지 내버리고 복종한다. 어떤 의심도, 불신도 없는 복종. 아마, 자기계발서는 이렇게 외치는 것 같다. '무슨 말이 그렇게 많아, 그냥 좀 따라하면 되지 않아?'라고.

지나친 독기는 자신도 죽이기에

자기계발서에서 벗어난(혹은, 도망친) 이후, 나는 자기계발과 관련된 것들을 모두 버렸다. 자기계발서도, 메모장이나 종잇조각도, 목표를 시각화(원하는 비를 직접 바라보듯 생생하게 상상하는 것)하기 위해 출력한 사진들도. 그런데 오늘, 우연히 책장 깊숙이 꽂혀있던 자기계발 노트 한 권을 발견했다. 자기계발 노트란 자기계발서의 핵심 내용을 필사하고 거기에 내 생각을 기록해 둔 것인데, 자기계발서에 몰입해 있을 당시에 나는 이와 같은 노트를 몇 권에 걸쳐 꽉꽉 채워 썼었다. 이왕 뽑아 든 김에 그 노트를 사르륵 넘겨본다. 참 많은 자기계발서를 읽었던 나를, 그렇게 익힌 자기계발서의 인사이트를 따르는 데에 모든 것을 걸었던 십여 년 전의 나를 바라본다. 노트의 제일 앞에는 나의 '사명 선언문'이, 맨 뒷장에는 그동안 읽었던 자기계발서의 제목과 읽은 횟수가 기록되어 있다. 그리고 한 장 한 장, 절실한 마음으로 자기계발서를 읽었던 내가 있다. 나는 매일 자기계발서를 읽고, 필사하고, 삶에 적용할 방법을 고민했다. 나는 그만큼이나 간절히 자기계발서를 읽었고 자기계발서의 가르침 하나하나에 충실했다. 각 페이지에는 감명 깊게 읽은 문장이 적혀 있고, 중요한 부분은 형광펜으로 또 칠해 두었다. 사실상 노트 한 권이 전부 형광펜으로 칠해져 있던 셈이다. 돌이켜 생각하니 영 부끄럽고, 엉망진창이었던 기억들이다. 이 노트 한 권으로 나는 지우고만 싶었던 그때의 모든 기억과 마주하게 된다.

22살, 내가 끌어당김의 법칙을 이야기하는 자기계발서를 처음 읽은 나이. 그 후로 2~3년. 그렇게나 오랜 시간을 자기계발서에 빠져서 헛되이 흘려보냈지만 결국 내 삶에서 달라진 것은 아무것도 없었다. 아니, 대학교를 자퇴해 자신의 삶을 뒤틀어버렸고, 어쭙잖게 시작한 사업이 철저하게 실패로 끝나면서 빚을 졌으며, 광신도가 되어 내가 사랑하는 사람들을 모두 밀어내 외톨이가 되어버린 나만이 남아 있었다. 정신을 차리고 자기계발서를 맹목적으로 믿던 나의 모습에서 한 걸음 물러나 보니, 나에게 남은 것은 결국 책장 한 가득 쌓여 있는 자기계발서와 자기계발서를 필사한 노트뿐이었다. 이런 결말이 올 줄은 상상도 못 했는데. 나에게 성공을 가져다주겠다는 자기계발서 속 가르침은 역설적으로 내 삶을 철저하고 완벽하게 망가뜨렸다. 내가 읽었던 자기계발서들은 언제나 '독기를 품어라!'라고 이야기했지만, 품은 독기가 지나치게 강하면 독을 품은 자신조차 죽일 수 있다는 사실을 그 누구도 이야기해 주지 않았다.

우리를 짓누르는 '독기'라는 아이디어는 도대체 어디서부터 시작된 것일까. 독기를 품어야 한다고 주장하는 책과 강의는 언제나 사람들의 위기감을 자극한다. 자기계발서는 독기를 이야기하며 남들이 자고 있을 때 일어나서 일하고, 남들이 멈추어 쉬고 있을 때 움직이고, 남들이 고민하고 있을 때 목표를 향해서 나아가라는 허울 좋은 말들을 내뱉는다. 그렇지 않는다면 마주하게 될 결과는 패배, 다른 표현으로 이야기하자면 죽음이라며 협박하는 것은 물론이다. '뒤처지면 패배한다, 경쟁자들은 언제나 앞서 나간다, 패배하고 싶거든 마음대로 살아라, 하지만 패배하기 싫으면 독기를 품고 당장 무언가를 하라'라는 메시지가 넘실댄다. 물론 정말 '좋은' 말들이지만, 그렇게 좋은 말로 무장한 책은 독자를 숨이 막힐 때까지 몰아붙이고 있다.

독기를 품어야 한다는 이야기는 독자를 끊임없는 자기검열에 빠져들게 한다. 물론 '독기를 품고 무언가를 해내자'라는 생각을 강요하는 데 나쁜 의도가 있다고는 생각하지 않는다. 또한 자신의 목표 달성에 최선을 다해서 임해야 한다는 생각에 반기를 들 의도 또한 없다. 세상에 대한 섣부른 비판의식으로 가득 차서, '독기를 품고 살아가도록 만드는 이 사회와 현실이 잘못되었다'라고 비난하고 싶은 생각 역시, 없다. 성공과 목표 달성을 추구하는 것은 인간의 당연한 본능 - 예컨대, 성취 욕구와 같이 - 일지도 모른다. 그리고 독기는 그 성취의 수단일 수 있다. 그렇기에 독기라는 생각에 대해서 섣부른 비판은 자제해야만 한다.

하지만 독기를 품겠다고 마음먹은 우리는 결국, 스스로 독을 삼켜대고 있는 셈이다. 타는 것 같은 고통과 아픔은 우리를 잠깐이나마 '최선을 다해' 살 수 있도록 만들지는 모르겠다. 하지만, 최선을 다했던 그 잠깐의 시간 이후에 남는 것은 두려움과 좌절, 실망과 패배다. 독기를 이야기하는 자기계발서는 '성공'을 팔지 않는다. 그것이 파는 것은 '실패에 대한 두려움'이다. 하루라도 빨리 독기를 갖고 성공하지 않으면 내가 무언가에 의해 지배당하리라는 두려움. 패배자가 되어버릴 것이라는 두려움, 남을 짓밟지 못한다는 두려움. 그러니까, 두려움에 대한 두려움 말이다. 독기를 강조하는 사회에는 약간이라도 미끄러지면 곧 죽음이라는 생각이 가득 차 있다. 모두가 최선을 다하지만, 모두가 힘이 들고, 모두가 지친다. 어느새 온 세상이 두려움과 실패, 상실로 물들어 간다.

Real things note!

━━━━━━━━━

"난 할 수 있다!

내가 할 수 있다고, 아니 이미 했다고 간절히 믿으면

온 우주가 나를 도울 것임을 알기에"

- 나의 자기계발 노트 -

앞서 언급했듯, 자기계발서나 자기계발 강의에 빠졌다면 '자기계발 노트'라는 것을 쓰고는 한다. 자기계발서를 읽으면서 찾아낸 인상 깊은 단어나 문장을 필사하고, 그 아래에 내가 깨달은 바를 적어두는 그 노트 말이다. 또 자기계발 노트는 자신의 각오를 되새기고 목표를 구체화하려고 만들기도 한다. 물론 '목표'를 적어두는 노트인 만큼, 노트에 버킷리스트를 적어두고 시각화하는 것도 빼놓을 수 없는 일이다.

나의 버킷리스트는 남달랐다. 무려 '끌어당김의 법칙'으로 채워져 있던 자기계발 노트이기에 다른 사람이 보기에는 지나치게 거창하고 현실화가 불가능한 헛된 희망이 기록되어 있었다. 자신이 원하면 무엇이든 될 수 있다는 유아기적 사고방식. 나의 자기계발 노트에는 그런 과잉된 사고방식이 가득했다. 마치 어린아이 시절로의 회귀라고 한다면 과한 폄훼일까?

사실 여기에 내가 썼던 구체적인 꿈의 내용을 옮겨도 되는지 고민이 컸다. 내가 지금 이 노트를 읽으면서 부끄러움에 이불을 걷어차고 있기 때문이다. 비유적 표현이 아니고 진짜 차고 있다. 그럼에도, 자기계발서에 빠지면 얼마나 깊은 구렁텅이를 볼 수 있는지 증명하기 위해 용기 내어 이 내용을 담아볼 요량이다. 도대체 자기계발서에, 그것도 '끌어당김의 법칙'이라는 내용을 담고 있는 자기계발서에 빠지면 무슨 생각까지 하게 되는 것일까?

가장 먼저 체감할 수 있는 것은 '현실적 사고'가 멈춘다는 것이다. 생각해 보자. 아무리 내가 간절히 끌어당긴다고 하더라도, 그리고 그 기적적인 현상을 믿고, 온 우주가 내 꿈을 도와줄 것이라는 확신을 하고, 양자역학적 방식을 쓰고 (정확히 양자역학의 무엇을 어떻게 하라는 것인지는 모르겠다만), 온 힘을 다해서 상상하고, 시각화한다고 하더라도 22살이 넘은 나이에 키가 5cm나 더 크는 것은 말이 안 되지 않을까. 그래, 내가 썼던 노트의 버킷리스트는 대부분 이런 식이었다. 연 매출 1조 2천억 원의 회사 만들기, 내가 만든 회사만의 인공위성 띄우기, 나의 순수 자산 천억 모으기(두

번째 노트에는 1조 원 모으기로 더 상향되어 있었다), 세계적 순위에 들어가는 교육재단 만들기, 타임지가 뽑은 영향력 있는 100인 안에 들기……. 그랬다. 그 정도의 꿈들이었다. 나 자신이 아니라 범지구적 목표들. 그리고 나는 그런 꿈이 이루어진다고 매일 '간절히' 믿었다. 정말 간절히.

그런데 여기서 하나 재미있는 이야기를 해 보자면, 나도 잊고 있던 사실인데, 나는 이 자기계발 노트의 이름을 'Real things'라고 적어두었다. Real things note가 문법에 맞는지조차 모르겠다. 다만 이 노트가 '현실(Real)'이어야 한다는 생각에 과감하게 적었을 뿐이다. Real things. 그래, 그 당시 나에게는 '이미' 현실화되어있는 이 어마어마한 노트가 있었다. 노트에는 동서고금의 지혜 하나하나가 적혀있었다. 그리고 이 지혜는 모두 사실이었다. 아니, 사실이어야 했다. 나는 그렇게 믿기로 했고, 자기계발서는 내가 믿으면 무엇이든 이루어진다고 했으니까. 온 우주는 나를 돕고 있는데, 내가 나의 각오를 구태여 의심할 필요는 없었다. 모든 것들은 분명히 이루어질 일이었다. 그러니 내가 미래를 두려워할 필요 또한, 없었다.

　나는 이 노트에 자기계발서를 읽으며 인상 깊었던 부분과 책을 읽으면서 깨달은 내용들을 빼곡하게도 적어두었다. '사명 선언문'을 적고 또 적었다. 그렇게 사명 선언문을 수백 번 반복해서 적었을 때쯤, 나는 내가 적었던 꿈을 꿈으로 받아들이지 않고 '실제'로 생각하기 시작했다. 금방이라도 이루어질, 아니 이미 이루어져 있는 예견된 미래라고 생각한 것은 물론이다. 이미 성공해 있을 그 미래를 생각하면 오히려 내일이 오는 것이 즐겁고, 든든했다. 그러니 나에게 이 노트는 다가올 미래를 알게 해줄 바이블이자 예언서였다. 그리고 그 예언서의 소유자로서 나는 이미 이루어질 미래를 알고, 나의 통찰로 그 미래를 만들어서, 성공하는 모습을 현실처럼 생각할 수 있었다. 아, 산다는 것이 얼마나 신나는 일이었던지!

내가 읽은 책을 적고, 몇 번이나 다시 읽었는지 기록하는 것 또한 중요한 일이었다. 지금 펼쳐든 이 노트에만 112권. 그중 자기계발서는 60여 권에 달한다. 물론, 읽은 책을 또 읽었으니 그 수는 더 늘어나긴 하겠지만 말이다. 이 정도로 몰입해서 자기계발서를 읽으면 정말 신비한 경험을 하게 된다. 바로, 세상 모든 책이 자기계발서로 보이는 경험이다. 내게는 경제 관련 책들도 자기계발서였고, 철학책도 자기계발서였다. 심지어 노자가 쓴『도덕경』을, 한 장 한 장 필사하고 그 안에서 자기계발의 메시지를 찾아냈다(노자는 결코 그런 취지로 쓴 것이 아니었겠지만). 말도 안 되는 일들이 말이 되는 경험. 나는 노트에 그 생경한 경험을 기꺼이 적었다. 그 당시 나에게는 세상 모든 것이 자기계발서였고, 성공의 증명이었다.

나는 이미 성공해 있었다. 내가 그렇게 믿었으니까.

2

자기계발서와 자기계발서의 역사

끌어당김의 법칙은 무엇을 끌어당길까?

끌어당김의 법칙? 지금 와서 솔직히 말하자면, 나는 끌어당김의 법칙이 증명할 수 없는 헛소리에 불과하다고 생각한다. '끌어당김'이라는 엉터리 개념에, '법칙'이라는 과장된 단어를 섞어 사람들을 현혹하는 헛된 주장 말이다. 하지만 그때, 다수가 끌어당김의 법칙을 비판했음에도, 나를 포함해서 꽤 많은 수의 사람은 끌어당김의 법칙에 기꺼이 빠져들었다. 책에 서술된 마법과도 같은 가르침들을 뼛

속 깊은 곳에 새기며 성공을 끌어당기기 위해 노력하기도 했다. 끌어당김의 법칙이 허황되고, 과장된 종교적인 믿음이라는 사실을 '상식'적으로 알고 있더라도, 인생을 바꾸어 주겠다는 확언 앞에서 '상식'은 늘 흔들리기 마련이었다.

끌어당김의 법칙을 이야기하는 책들은 자기계발서의 범주를 뛰어넘은 '마법적 주장'을 내뱉었다. 그러니 끌어당김의 법칙을 믿는 사람들은 고리타분하고, 성과를 내는 데에 오랜 시간이 걸리고, 성공 여부도 장담할 수 없는 기존의 '노력하면 된다'는 자기계발서를 조롱하기에 이른다. 끌어당기기만 하면 무엇이든 이루어질 텐데, 노력이 무슨 소용이냐고 장난치듯 웃으면서. 절대적 원리에 대한 믿음, 마법과도 같은 신비주의, 범우주적인 '파동'과 '에너지'를 운운하는 끌어당김의 법칙은 자기계발서라기보다는 종교에 가깝다.

'내가 무엇인가를 간절하게 원한다면 온 우주가 성취를 도와준다.'

사실, 끌어당김의 법칙은 저 한 문장으로 요약할 수 있다. 그 세련된 간결함과 확언, 금방이라도 이루어질 것 같은 이야기의 구조는, 나와 수많은 사람을 너무나 강력하게 유혹했다. 끌어당기면 된다. 그러니까 그것이 무엇이 되었든 - 돈, 물건, 심지어는 주차장의 비어있는 칸까지 - 내가 원하는 모든 것이 나에게 다가온다고 강력하게 믿으면 된다. 그러면 이루어질 것이다. 나를 포함해서 끌어당김의 법칙이 유행할 당시, 저 법칙에 빠져있던 수많은 사람은 열광했다. 하긴, 모든 것이 이루어진다는 마법과도 같은 주장을 부정하기도 쉽지 않았다. 물론 부정할 근거도 마땅찮다. 애초에 근거가 없는 주장인데 근거를 들어 부정해야 한다니, 전제부터 말이 안 되는 일이었으니까.

　끌어당김의 법칙에 의문이나 반문은 허락되지 않았다. 애초에 끌어당김의 법칙을 이야기하는 책에서도 끌어당김의 법칙에 대한 증명을 포기한 채, 그저 범우주적인 법칙일 뿐이라고 단정할 정도였으니까. '아, 그냥 우주적 법칙이

자기계발서의 함정에서 벗어나기

원래 그래. 믿거나 말거나 결과는 네 책임이고'라는 무책임함을 보고 있자면, 그 어떤 이성적 반박도 소용이 없다는 것을 금방 깨닫게 된다. 맞다. 끌어당김의 법칙을 단 한 순간이라도 의심한다면, 자기계발서는 당신이 그 '의심' 때문에 원하는 것을 끌어당기지 못한다고 간주한다(우주의 법칙을 의심한 데 대한 벌이다). 그러니 의심하면 안 된다. 한 번의 의심으로 원하는 것이 사라질 수 있다는 강박적 생각은, 독자들을 실패 혹은 패배의 두려움에 빠뜨리기에 충분했다. 이처럼 철저한 자기검열을 가능하게 한 종교는 일찍이 없었다. 또 이런 말도 안 되는 순환논리가 말이 되는 기적을 보인 종교 또한 찾아볼 수 없다. 절대적 신성불가침의 원리. 그것이 바로 끌어당김의 법칙이다.

끌어당김의 법칙으로 베스트셀러에 오른 책을 반복해서 읽을 당시, 나 또한 끌어당김의 법칙을 신봉하는 한 명의 광신도였다. 나는 유사한 내용을 다룬 수많은 책까지 섭렵했다. 소원을 시각화하면 이루어진다는 책부터, 계속 쓰면 실제가 된다는 책까지, 몇 페이지에 어떤 내용이 있는지 대강 알 수 있을 정도로 읽고 또 읽었다. 무엇이든 끌어당기고 싶다는 생각, 무엇이든 끌어당길 수 있다는 확신이 나를 이끌었다. 나는 누구보다 절실했다. 그 욕망에 빠져들면 어떠한 순환논증이나 논리상 오류도 법칙이 되어버린다. 내가 무엇이든 끌어당길 수 있다면, 그 법칙은 절대적 은총이다(사실 내가 자기계발서에 빠져있던 3년의 기간 동안 '끌어당길' 수 있던 것은 주차장 빈자리 정도가 다였다. 물론, 주차장의 빈자리는 다른 사람들도 모두 찾을 수 있었겠지만). 반면 내가 원하는 것을 끌어당기지 못하면 그것은 모두 간절함이 부족했던 나의 탓이다. 이 매력적인 이분법은 나를 맹목적 믿음 속에 빠뜨리기에 충분했다.

끌어당김의 법칙은 지극히 강박적인 사고방식이다. 왜, 건널목의 하얀 선을 따라 걷지 않으면 무언가 나쁜 일이 일어날 것 같다는 불안감을 가진 사람이 의외로 꽤 있지 않은가? 끌어당김의 법칙은 그 강박적 믿음과 다를 게 하나도 없다. 이것만 하면 다 이룰 수 있다는 생각을 거꾸로 뒤집어 보면, 이걸 하지 않으면 모든 것을 망치게 될 것이라는 의미가 된다. 그리고 끌어당김의 법칙을 이야기하는 자기계발서는 바로 이 부정적 강박을 이용한다. 만약 내가 끌어당김의 법칙을 의심하는 순간, 나는 그 무엇도 끌어당길 수 '없게' 된다. 그리고 이 주장은 책에 소개된 몇 안 되는 사례를 통해서 쉽사리 일반화된다. 자기계발서의 저자들은 그 얕은 논리적 토대를 통해 자신의 주장이 법칙이나 공식이라고 주장한다. 그 단언 덕분인지, 끌어당김의 법칙을 다룬 책이 굉장히 잘 팔려나간 것 또한 사실이다.

첨언하자면, 요즘은 끌어당김의 법칙에서 한 걸음 더 나아간 책들도 출간되어 판매되고 있다. '끌어당김의 법칙을 끌어당기기 위한 노력' 운운하는 책이 그것이다. 끌어당김의 법칙을 끌어당긴다니? 사실 이 오묘한 개념은 끌어당김의 법칙을 시도했음에도 달라지는 게 없다는 불만이 팽배해지자, 교묘하게 논점을 뒤흔들며 나타난 방식이다. 이 주장은 우리가 그동안 끌어당김의 법칙을 잘못 이해했다고 이야기한다. 부를 원한다면, 부를 끌어당김과 동시에 부가 들어올 수 있을 만한 활동을 해야 한다는 식으로. 그러면 '끌어당긴' 것이 아니라, 혼자 노력해서 이룬 것이지 않나 생각하기 쉽다만, 아무튼 끌어당김의 법칙 때문이라고 주장하니 믿을 뿐이다. 물론 끌어당김의 법칙을 끌어당기라는 책의 저자들은, 이 주장을 이어가면서 책을 한 권 더 팔아치우겠지만, 거기까지는 모른 척해주기로 하자.

'믿음'이 나쁜 것은 아니다. 우리에게 낯선 개념도 아니다. 인류가 탄생하고, 문화를 형성하면서 시작되었던 모든 종교적 의식, 행사, 기복신앙적 사고방식, 주술사와 그들이 행하는 주술적 의료행위까지 모두가 믿음의 영역에 속하고 있으니까. 이런 믿음은 한 무리의 사람을 단결시키고, 규칙을 부여하고, 삶의 어려움에도 믿음 아래 복종한 채 살아갈 수 있게 하였다. 주술적 내용을 담고 있는 자기계발서는 그 맹목적 믿음을 더 넓은 범위에 빠르게 유통한 것일 뿐이다. 그리고 예전에는 그 믿음을 위해 절대자가 필요했다면, 근래의 자기계발서는 우주의 에너지부터 양자역학까지 더 다양한 이론을 인용해 가며 마케팅에 나선다. 물론 우리는 복종한다. 삶의 주도권을 기꺼이 포기하고, 운명론에 빠져 안정감을 느끼는 것을 선택하는 셈이다.

이처럼 신비의 영역을 담고 있는 자기계발서는 그 무엇도 강요하지 않는 것처럼 보인다. 그리고 그것이 끌어당김의 법칙을 이야기하는 자기계발서의 가장 무서운 점이다. 그 어떤 것도 강요하지 않고, 성공 혹은 패배라는 모든 결론이 광신도의 믿음에 달려 있다고 생각하게 한다. 이는 쉽사리 빠져나올 수 없는 하나의 멍에이자 우상에 대한 숭배가 된다. 강박적이면서도 교묘하게 죄의식을 강조한다. 나의 소망은 왜 이루어지지 않지? 내가 그만큼 간절하게 끌어당김의 법칙을 믿지 않은 것은 아닐까? 그렇다면 도대체 나는 왜 간절하게 끌어당기지 못하지? 내 믿음이 고작 이 정도일까? 라는 자학에 빠져들어 몇 번의 순환 고리를 거치고 나면, 이 법칙의 신봉자들은 끌어당김의 법칙이라는 사고

방식에서 빠져나오기가 불가능에 가까워진다. 앞서 말했던 파스칼의 내기와 같이 간단하고, 쉽고, 그러면서도 교묘한 논리적 함정과 함께. 아니, 조금 더 과감하고 솔직하게 이야기하자면, 하나의 '사이비 종교'에 빠져든 것과도 같게.

하늘은 스스로 돕는 자를 도울까?

─────────

하지만 내가 끌어당김의 법칙을 다룬 자기계발서만 읽은 것은 아니다. 끌어당김의 법칙을 이야기하는 자기계발서는 내가 읽은 자기계발서 중 한 종류에 불과하다. 끌어당김의 법칙으로 자기계발서를 읽기 시작한 나는 곧 다른 자기계발서에도 눈을 돌렸고, 수많은 종류의 자기계발서를 미친 듯이 읽었다. 그렇게 나는 자기계발서 그 자체에 빠져들었다. 당시 나는 자기계발서의 가르침만 있으면 무엇이든 할 수 있다는 확신이 있었다. 그래서 나는 찾을 수 있는 모든 자기계발서를 구해서 닥치는 대로 읽어댔다. 어떤 자기계발서는 자기계발서의 역사를 따라 읽는 것도 의미가 있다기에, 나는 자기계발서의 시초격인 자조(Self-help)의 정신을 담은 책부터 읽기 시작했다.

자조의 정신은 '하늘은 스스로 돕는 자를 돕는다(Heaven helps those who help themselves).'라는 문구로 요약할 수 있다. 아마 누구나 한 번쯤은 들어보았을 격언. 이 문장이야말로 자기계발이라는 카테고리의 문을 연 기념비적인 가르침이자, 자기계발서의 정수라고 해도 과언은 아닐 것이다. 저 한 문장이 지금까지 전해져 내려왔다는 사실만으로도 이 격언이 시대와 세대를 건너 끊임없는 영감을 주었다는 방증이지 않을까? 자조의 정신을 담은 메시지의 울림이 어찌나 큰지, 이 문장은 세상에 처음 등장한 이후로 지금까지 말할 수 없을 만큼 많은 자기계발서와 경영서적에 인용되어 왔다. 그리고 그 메시지를 접한 사람 중 자기계발서의 광신도들은 '스스로 돕는 자'가 되기 위해서 노력을 이어갔다. 이 문장은 실로 어떠한 변명도 통하지 않는 단호한 가르침이었다. 그리고 자기계발서에 미쳐있던 우리는 이 문장의 가르침을 따라 인내, 근면, 성실, 끈기, 근검절약, 노력과 같은 자조의 정신을 바탕으로 꿋꿋하게 살아내야만 했다. 그리고 이런 사고방식은 후에 '안 되면 되게 하라'와 같은, 무차별적으로 전파되는 자기계발 메시지의 기원이 되기도 한다.

하지만 자조의 정신을 다루는 자기계발서가 후대의 자기계발서들과 똑같다고 판단할 근거는 찾을 수 없다. 자조의 정신을 담은 자기계발서가 후대의 책들과 차별화되는 점은, 자조적 자기계발서의 경우 독자에게 조건 없는 복종을 강요하지는 않는다는 것이다. 끌어당김의 법칙과 같은 주술적 자기계발서처럼, 현대식 자기계발서는 독자들로 하여금 '의심 없는 복종'을 강조한다. '법칙'에는 의심이 허락되지 않으므로, 그 메시지에 대해서 의심 없는 믿음을 갖는 것이야말로 현대식 자기계발서 성립에 핵심 요건이 된다. 반면 자조식 자기계발서에서는 그런 강요가 많이 보이지는 않는다. 무엇보다 자조의 방식은 성공, 그중에서도 물질적 성공이라는 하나의 꿈이 아니라, 각자가 품고 있는 하나의 목표(만약 내가 도자기를 만들고자 한다면 최고의 도자기공이 되는 목표를 품는 식으로)를 이루는 데에 몰입하는 것이 더욱 가치 있는 삶이라고 생각하도록 유도하였다.

다만 나는 자조의 정신을 이야기하는 자기계발서에 대해서는 그다지 큰 관심을 두지 않았다. 물론 자조의 정신을 담은 자기계발서를 존중했고, 책을 한 장 한 장 정성껏 읽기는 했지만, 두 번 이상 펼치지는 않았다. 나에게 자기계발서는 목표 달성이 아닌 성공으로 가는 시름길이어야 했다. 그러니 성공에 빨리 가 닿는 방법을 이야기해 주지 않는 책에 매력을 느끼지 못했던 것은 어쩌면 당연한 일이었다. 그 당시 나는 성공하는 것이야말로 나에게 주어진 운명이라는 것을 단 한 치도 의심하지 않았다. 자기계발서를 읽기 시작한 때, 나의 마음속에는 곧 성공한다는 자신감만 넘쳐흘렀으니까. 그런 측면에서 자조를 이야기하는 책들은 탈락이었다. 절제가 무슨 소용일까, 나는 부를 원하는데. 인내는 왜 필요한 것일까, 나는 하루라도 빨리 성공해야 했는데. 까짓것 복종 좀 하면 어떤가, 나를 성공으로 이끌어 줄 텐데. 나는 자조의 책에서 내가 원하던 성공의 증거를 마주하지는 못했다.

내가 원하는 자기계발서는 그런 것이 아니었다.

성공학, 성공할 수 있는 진짜 방법

수십 년 전부터, 전 세계 수많은 사람이 아침마다 이 문구를 외우기 시작했다. '나는 모든 면에서 매일 점점 좋아지고 있다(Every day, in every way, I'm getting better and better).' 이 문장은, 출판업계와 강의·강연 시장에서 자기계발의 입지를 다진 걸작이다. 본격적으로 현대식 자기계발서가 등장할 것임을 선언한 혁명적인 문장이라고도 할 수 있겠다. 그리고 그건 나에게도 마찬가지였다. 이 문장을 본 후에 나는 외쳤다. 그래, 드디어 찾았다! 성공의 법칙을 이야기하는 책을! 내가 저 문장을 얼마나 동경하고 의지했는지를 간단히 밝히자면, 나는 저 문장을 타투로 새기려고 했을 정도였다. 글씨가 많아 타투 비용이 비싸서 그랬지, 조금만 저렴했으면 바로 했을 요량이었다(그리고 그건 최악의 타투가 되었겠지). 아무튼, 나는 저 문장을 내 몸과 마음에 새겨서 매 순간 성공을 그리고 싶었다. 저 문장이 나에게 용기를 주는 만큼 나는 충분히 성공할 수 있으리라 믿었다. 나는 그 정도로 간절했다.

성공학의 대부들은 '사회적인 성공'을 이룬 사람들을 추적, 조사, 인터뷰한 후 인터뷰이들의 공통점을 뽑아내고자 시도하였다. 그리고 그 인물들의 성공에 대해서 일장 연설을 늘어놓았다. 그들이 실시한 것과 같은 대규모의 조사는 과거의 그 누구도 시도하지 않은(혹은 못 한) 방식이었다. 물론 연구는 철저히 귀납적이었지만 말이다. 예를 들면 A도 성공하였고, B도 성공하였으며 C도 성공하였는데 그 사이에는 모두가 가진 공통점 a가 있으니, a를 하면 당신도 성공할 수 있다고 주장하는 식이다. 그러니 그저 온 힘을 다해서 a를 따라 하면 된다고 주장한다.

사실 성공의 법칙을 다루는 자기계발서에서 이와 같은 추적조사가 필요했던 이유는 간단하다. '성공 방정식'을 찾아내기 위함이었다. 성공 방정식은 성공을 하기 위한 수학적 공식을 이야기한다. 다시 말해 1+1=2와 같이. '무엇을' 하면 성공할 수 있다는 자기계발서식 주장에 약간의 과학적 내용을 섞어보려는 시도다. 성공 방정식을 담은 책들과 그 예시들이 사실인지의 여부는 차치하자. 그럼에도 앞서 언급했던 유명한 자기계발서의 저자들은 성공 방정식이라는 이론의 틀을 다듬고 발전시켜 '성공'을 하나의 학문으로 정립하려고 시도했다. 성공을 수치로 증명한다는 것은 새롭고 신기한 아이디어였고, 사람들의 관심을 끌기에 충분했다. 그것이 바로, 그 유명한 '성공학'의 토대가 되었다.

물론 성공학은 태생적인 한계를 갖고 있다. 이전 세대의 자기계발서, 즉 자조의 정신을 담은 자기계발서의 기조를 따르지 못한다는 것이다. 성공학이 하나의 '학문'이 되려면, 다시 말해 성공 방정식이라는 개념이 성립하려면 그 성과를 객관적으로 측정할 수 있는 기준이 존재해야만 한다. 그러므로 성공학을 구상한 이들은 '성공'이라는 개념을 수치화할 방법을 찾아야만 했다. 하지만 자조의 방식으로는 그것이 불가능했다. 각자가 자기 삶에 맞는 목표를 정하고 온 힘을 다해 노력하라는 메시지로는 그 수치를 일반화하기 어려우니까.

그렇다면 성공이라는 지극히 주관적이며 추상적 개념을 어떻게 수치화할 수 있을까? 성공학을 정립하기 위해 탐구를 이어가던 이들은 오랜 고민 끝에 가장 간단한 방법을 사용해 보기로 한다. 바로 성공했다고 알려져 있는 사람들의 '부'가 어느 정도인지, 그 규모를 확인한 후에 비교하는 것이다. 누가 돈이 많은지에 대한 분석은 꽤 유치하지만, 그만큼 쉽다. 성공한 이들이 가진 부의 규모와 액수를 귀납적으로 비교하는 방식. 이 숫자놀음을 통해 성공학은 하나의 이론이 될 수 있었다. 하지만 이 시도는 인류가 공유하는 중요한 가치를 망쳐버린다. 바로 '성공'의 기준을 오직 '부유함'으로 고정한 것이다. 성공학이 정립된 이후로 많은 이들은 생각한다. '부를 쌓는 것만이 성공이구나!'라고. 그 선언을 시작으로 온 세상이 성공을 위해서, 다시 말해 부를 얻기 위해서 질주하기 시작한다. 정말 단순하지만, 명쾌하다.

자조적 자기계발서에서 나온 성공의 '다양성'은 사라지고, 오로지 부를 얼마나 가졌는지가 강조된다. 그리고 그 기준은 지금까지도 이어지고 있다. 하지만 성공학이 품고 있는 이와 같은 한계에도, 성공학은 많은 이들의 은밀한 욕망 - 성공에 대한 뜨거운 욕구 - 을 효과적으로 자극하며, 전 세계적인 화제를 불러일으켰다. 그 덕에 당시 유명한 성공학 자기계발서의 저자들은, 현재까지도 그 명성이 전해지고 있는 최고의 성공 전도사이자 연구가로 자리매김할 수 있었다(그리고 이 명성을 이용해 자신들도 엄청난 부를 쌓은 것 또한 물론이다. 사실 성공하는 것보다, 성공이라는 개념을 파는 행위가 그 무엇보다 비싼 상품이었다).

성공학이라는 개념을 담고 있는 책들은 현대 자기계발서의 토대가 된다. 성공학을 담아낸 자기계발서는 우리가 성공하고 싶다면 자기계발서, 그중에서도 성공학에 대한 복종이 필요하다고 이야기한다. 즉, '복종'이라는 개념을 자기계발서에 활용하기 시작한 셈이다. 성공학의 수많은 거두는 성공을 위해서는 성공학의 이론에 철저하게 복종하여야 한다고 강조하였다. 성공학에서는 그 이유로 귀납적 자기계발서 특유의 성공 방정식을 든다. 성공학을 담은 자기계발서는 우리가 a라는, 성공한 사람들의 공통점을 따라 한다면, 분명 성공할 수 있다는 점을 강조한다. 귀납적 자기계발서의 저자들에게 성공은 표현 그대로 '방정식'이었다. 그리고 방정식은, 수학적 개념으로서 결코 오류가 있어서는 안 되는 것이다. 성공학은 후대에 나올 자기계발서들처럼 '법칙'이라고까지 할 용기는 없었는지 '학문'이라고 눙친다. 그럼에도 성공학 자기계발서 또한 믿음의 오류를 인정치 않는다. 그러므로 성공학을 이론화한 이들은 일반인들도 성공 방정식을 따르면 성공할 수 있고, 노력해서 성공하여야만 한다고 주장하였다.

나는 성공학 책을 읽고 성공학에서 강조하는 메시지를 따라 하는 것을 망설이지 않았다. 성공을 위해 필요한 조건이 복종이라면 기꺼이 복종을 선택할 생각이었다. 성공할 수 있다고 하는데 복종 조금 하면 어떻다는 말일까. 성공한 사람들이 그렇다고 한다면 그걸 따라하면 될 텐데. 그러니 나는 성공학을 다루는 자기계발서에 나온 내용과 예시들을 읽고, 정리하고, 필사하는 데에 많은 시간을 할애했다. 그리고 성공학 책들에서 나온 성공한 사람들의 공통점을 찾아내려고 애썼다. 지난한 시간이었지만, 그 노력을 통해 성공의 비법을 찾아낼 수만 있다면, 그걸로 충분하다고 믿었다. 하지만 내가 간절히 붙잡고 있던 수많은 책은 나

를 성공으로 데려다주지 못했다. 결국 그 무엇도 이루어지
지 않았다.

힘들었지? 내가 널 위로해 줄게

═══════════

　벽에 붙여놓았던 자기계발 문구를 다 뗀 후 찢어버렸다. 애써 사 모았던 수십 권의 자기계발서를 내다 버린 후, 알람 시계를 집어던져 부수었다. 그렇게, 나는 공식적으로 자기계발서 세계관의 패배자가 되었다. 내가 패배자가 되었다는 사실을 거부하고 싶었지만, 어쩔 수 없었다. 나는 자기계발서의 '가르침'을 따르는 데 성공하지 못했으니까. 다시 말해 나는 그 무엇도 끌어당기지 못했고, 이루지 못했으며, 성공 가도를 달리지도 못했다. 그저 나의 노력과 시간, 돈과 친구를 처참히 잃었을 뿐이다. 이건 마치 끌어당김의 법칙이 아니라, 떠나보냄의 법칙과도 같았다. 당시 나는 정상적 사고를 할 수 없을 만큼 너무나 지쳐있었다. 하루에 4시간만 자겠다는 생각은 이미 틀어진 지 오래였고, 자기계발서의 제목을 보는 것만으로도 말할 수 없는 패배감 혹은 좌절감을 느꼈다. 그러니까 나는 더 이상 아무것도 할 수 없었다. 그래, 결국 나는 패배한 것이다.

  나 같은 '패배자'들이 하나둘 생겨났음에도, 대한민국 사회에서 자기계발 열풍은 시들지 않았다. 아니, 오히려 지금까지 계속 확산하고 있는 것처럼 보인다. 성공에 관한 법칙과 방법을 소개한다는 책들은, 수십 년 전에 저술되었음에도 여전히 베스트셀러 순위의 정점에 올라서 있다. 아직도 수많은 사람이 책, 영상, SNS, 강연 등의 매체를 통해서 소위 '돈이 되는' 자기계발 시장에 발을 내딛고 있다. 물론 자기계발서와 자기계발 동영상에 의지하고 있는 사람들은 기꺼이 그들의 책을 사고 영상을 본다. 이 복잡하고, 혼란스러우며, 한 치 앞도 알 수 없는 치열한 세상에서 자신만 믿고 따르라는 단호하고 달콤한 외침을 무시하기란 여간 어려운 일이 아닐 수 없다. 우리는 언제나 답을 찾아 헤매고, 자기계발서는 그 답을 주겠다고 단언한다. 고민도, 걱정도 할 필요가 없다. 그저 자기계발서를 믿고 의지하면 될 뿐이다. 생각해 보자. 이 얼마나 편한 방식인지! 책값 단 17,000원에 우리가 가진 모든 걱정이 사라진다면 나쁘지 않은 장사가 아닐까? 어쩌면 이것이 우리가 자기계발서를 사는 이유인지도 모르겠다.

나는 내가 겪었던 경험 탓에 사람들이 자기계발서를 어떤 방식으로 읽는지 꽤 잘 알고 있다. 하지만 여기서 다룰 유형의 자기계발서는 전혀 새로운 방식으로 나타나고, 판매되어, 자기계발 분야의 트렌드를 바꾸어 놓았다. 바로 '힐링(healing)'을 주제로 한 자기계발서가 그것이다. 새로운 자기계발의 트렌드가 독자에 대한 위로 혹은 힐링이라는 것을 확인한 순간, 나는 꽤 놀랐었다. 그리고 힐링이라는 개념을 어떻게 판매하는 것인지 호기심을 갖지 않을 수 없었다. 자기계발서를 다시는 읽지 않겠다고 다짐했음에도, 이런 책은 사보지 않을 수 없는 노릇이다.

힐링서적을 몇 권 사서 읽어보았다. 그리고 실망했다. 힐링을 이야기하고 있는 자기계발서는 - 다른 자기계발서가 그러하였던 것처럼 - 정말 별 내용이 없었으니까. 수많은 힐링 서적의 메시지는 단 한 줄로 요약되었다. '괜찮다. 다 괜찮다. 그동안 힘들었지? 위로해 줄게'라고. 무엇이 괜찮은지, 어떻게 괜찮은지에 대해서는 아무도 답하지 않았다. 그저 곧 좋아질 것이고, 조만간 나아질 것이라는 반향 없는 긍정만을 이어갔을 뿐이다. 마치 희망을 팔아댔던 다른 자기계발서와 같이.

그래서일까? 나는 힐링이라는 유행이 금방 꺼질 줄 알았다. 하지만 그런 나의 생각을 비웃기라도 하듯이 힐링 서적들은 오랜 기간 베스트셀러에 올라 불티나게 팔려나갔다. 힐링 서적의 메시지는 자기계발서를 읽고 '치열하게' 살아온 사람들, 혹은 한국식 '노력' 패러다임에 지친 사람들에게 무척이나 효과적으로 먹혀들어 갔다. 그러니 에세이, 인문, 그림책, 필사를 위한 책들, 시집과 심리학 심지어는 과학을 다룬 서적까지 수많은 종류의 책이 힐링을 이야기하기 시작했다. 귀여운 이미지나 캐릭터와 함께 넓은 줄 간격으로, 아기자기한 감성 메시지를 넣어 포장하면, 그 책의 판매는 보장된 것이나 다름없었다. 그런 방법으로 수많은 힐링형 자기계발서가 서점의 판매대에 올랐고, 기꺼이 소비되었다.

힐링 서적의 메시지는 다른 자기계발서처럼 간단하고 쉽다. 삶과 사회에서, 인간관계나, 경제력에서 오는 모든 아픔이 괜찮다고 이야기하는 것이니까. 곧 없어질 아픔이라면 지금 그 아픔에 휘둘려 고통스러워할 필요도 없는 일이다. 힐링 서적은 우리가 사람으로 태어난 이상 아픔 속에서 살아갈 수밖에 없지만, 마음만 조금 바꾸면 그 아픔이 덜어진다고 강조한다. 예를 들어 힐링 서적이 유행할 당시 YOLO(You only live once, 인생은 한 번뿐)라는 단어를 삶의 모토로 삼았던 사람들이 많았다. 한 번뿐인 삶, 살아가며 겪을 고통에 휘둘리지 말고 나 자신을 위한 진정한 즐거움을 누리자는 취지의 문구였다.

물론, 힐링의 메시지를 담은 책 한 권을 읽고 안 읽고는 우리가 겪고 있는 문제 해결에 큰 영향을 미치지 않는다. 어쩌면 이런 책은 대책 없는 긍정 속에 우리의 문제를 묻어두고, 마냥 '괜찮다'라고 이야기하고 있는 중인지도 모른다. 그러니까 이제 출판 업계나 강의·강연 시장에서는 사람들의 슬픔, 고통, 좌절과 같은 지극히 개인적이고 내면적 요소까지 갈퀴로 긁어내 판매하기 시작한 셈이다. 우리가 판매할 수 없다고 생각하던 것을 판매하는 기염을 토하면서.

인플루언서가 자기계발서를 만날 때

━━━━━

　지금 유튜브를 켜서 '인생을 바꾼'이라는 검색어를 입력해 보자. 그러면 높은 조회수를 자랑하는 수많은 영상이 추천되는 것을 확인할 수 있겠다. 이런 종류의 영상을 올린 이들은 모두 자신이 이러저러한 방법을 통해 인생을 바꾸고, 성공할 수 있었다고 주장한다. 그들이 설명하는 인생을 바꾸기 위한 수단은 다양하다. 독서, 운동, 필사, 명상, 긍정 확언, 마인드 셋, 미라클 모닝, 미니멀리즘, 글쓰기, 퍼스널 브랜딩……. 그 방법들이 다양은 한데 딱히 새롭지 않다는 점은 주의해야 한다. 사용하는 수단과 방법, 이야기의 전개방식조차 거기서 거기니까. 왜, 그런 이야기는 보통 '직장생활을 하면서 번아웃이 오고, 삶의 의미를 잃어서 용기를 내 퇴사할 수밖에 없었다'라고 시작하여, 책을 읽고, 글을 쓰고, 미라클 모닝을 하는 등의 자기계발 노력으로, 자기 자신에 대한 깨달음을 얻었다고 끝맺지 않던가. 대부분 판에 박힌 듯 유사한 이야기들이다. 그럼에도 우리는 그들을 '인플루언서'라고 부르며 기꺼이 그들의 삶을 따라 하려 노력한다. 인기를 등에 업은 인플루언서는 자신의 통찰만이 인생을 바꾸는 유일한 방법이라고 강조한다. 물론 결론은 자신이 개설해 둔 수십만 원짜리 강의를 들으라는 것이겠지만 말이다.

이쯤 되면 누가 인생을 더 잘 바꾸었는지 어필하는 경쟁이라도 하는 것 같다. 그리고 책의 독자와 영상의 시청자들은 아무런 비판과 문제의식 없이 인플루언서의 아이디어를 받아들인다. 삶을 바꾸었다는 주장은 지극히 일방적이고 검증되지 않았다. 그럼에도 인플루언서의 동영상에 달린 댓글에는 부러움과 약간의 질투가 서린 찬양만이 가득할 뿐, 진위에 대한 의문이나 반발은 무시당한다. 결국 현대 사회에서 '성공'한 사람들만이 일종의 아이돌(Idol)이자, 인플루언서가 된다. 그리고 그 아이돌의 뒤에는 자신을 목숨 걸고 따르는 수많은 팬이 있다. 어떤 일이 있든 인플루언서만을 맹목적으로 지지하는 팬이.

자기계발서의 저자가 '인플루언서'라는 새로운 영역을 개척하고 그 안에서 팬덤을 거느린 후부터, 자기계발은 하나의 '영역'에서 사회적인 '문화'가 되어버렸다. 그리고 그 문화의 바이블인 자기계발서의 권위는 하늘을 찌른다. 우리에게 자기계발서란, 모든 비판조차 금지된 하나의 절대적 우상이 되었다. 요컨대 인플루언서의 자기계발서는 이전의 자기계발서보다 광범위하고 치밀하게 독자들을 구속하기 시작한다. 우리들의 우상은 어느 순간부터 자기가 자기계발의 선두 주자라거나, 자기계발의 상징인 것처럼 브랜딩을 한다. 물론 유달리 특이할 것은 없다. '1년에 300권의 책을 읽어서 인사이트를 갖게 되었고, 모든 문제를 해결해 성공할 수 있었다'라고 하거나, '글쓰기를 통해 잊고 있던 나를 찾을 수 있었다'라고 이야기하는 식이니까. 이와 같은 인플루언서의 주장을 반박하거나, 비판한다면, 인플루언서를 지지하는 사람들로부터 집중적인 공격을 당하게 된다. 인플루언서의 추종자들에게, 인플루언서는 무슨 일이 있더라도 지켜내야 하는 절대적 지위를 갖고 있기 때문이다. 그러니 팬들로서는 무슨 수를 써서라도 그들의 권위를 지켜내야 할 수밖에 없을 테고.

팬덤의 옹호와 지지는 인플루언서가 강연하고, 책을 쓰고, 여러 매체에 출연해서 막대한 돈을 벌 수 있게 해주었다. 그리고 '평범한' 우리는 그들에게 환호를 보내며 팬심을 키워간다. 우리가 만들어낸 우상은 우리에게 동기를 부여해주고, 심적인 채찍질을 가하는 구루(Guru)이자 스타가 된다. 물론, 그 구루의 말처럼 매일 2시간 동안 책을 읽고 글을 쓴다고 모든 사람의 인생이 극적으로 바뀌는지 의문이 남지만, 차치하도록 하자. 오히려 그보다, 독자의 삶을 바꾸어 주겠다는 책이 팬덤의 구매력을 바탕으로 엄청난 매출을 올렸다는 사실은 한 번쯤 생각해 봄 직하다.

인플루언서가 쓴 팬덤 중심의 자기계발서에는 철저하고 순수하게 팬들의 팬심이 반영되어 있다. 그리고 인플루언서의 팬들은 저자가 제시하는 삶의 방식을 종교처럼 따른다. 이와 같은 굳건한 팬덤의 지지를 등에 업은 인플루언서는 자신을 따르는 사람만을 관리하고, 그들로부터 이익을 얻는다. 그리고 우상의 자기계발 메시지에 몰두해 있는 이들은, 온라인 서점이나, 유튜브 댓글을 통해서 '인사이트를 얻었다', '동기부여를 받았다', '마인드 셋을 다시 할 수 있게 되었다'와 같은 말들로 우상을 모신다. 그럼에도 우상을 따르는 팬덤은 진지한 토론이나 논증, 논리를 통해 '진실'을 찾으려 하지 않는다. 그저 우상의 의견에 반대하는 생각을 갖고 있는 이들과 논점을 비틀며 싸우거나, 침묵하며 고개를 돌릴 뿐이다.

　우리들의 우상은 언제나 '-하라'라고 명령형으로 이야기한다. '-하라, 그러면 부자가 된다. -하라, 그러면 성공할 수 있다. 내가 그렇게 성공해 왔으니 나를 믿어라'라고. 이 얼마나 간단하고, 듬직하고, 멋진 말일까? 오히려 그들은 자신의 팬들을 꾸짖는다. 당신이 이렇게 누워있는 동안 경쟁자는 뛰고 있다고. 당신의 나태함이 문제라고. 나는 하루에 16시간을 일했다고(자기계발서가 처음 나오기 시작했을 때는 보통 14시간이었는데, 점점 늘어나 16시간까지 일했다는 검증 못 할 주장이 난무한다). '나는 아무것도 없던 21살에 월 천만 원을 벌어 은퇴할 수 있을 만한 '부의 파이프라인' 준비를 마쳤다. 내가 해보니 매달 천만 원을 벌기는 참 쉽다. 그러니 여기에 반박하는 사람은 매월 천만 원을 벌어보지 못했거나, 노력하지 않은 사람이 틀림없다'와 같은 말들로 사람의 욕망을 자극한다.

인플루언서는 '돈을 벌어본 사람은 공감하겠지만, 그렇지 못한 사람은 공감을 못 할 것이다'와 같은 이분법적 논리를 들이밀고, 자신의 의견에 공감할 것을 강제한다. 돈을 벌고 싶다면 '퍼스널 브랜딩'을 하고, '온라인 매장'에 물건을 팔고, '전자책'을 팔면 된다고 한다. 그 어느 것도 증명되지 않은 이야기지만, 그들은 당당하게 주장한다. 그리고 자기 말을 듣지 않으면 핑계만 그득그득 차오른 패배자가 될 뿐이라고 강변한다. 열정을 불어넣어 준다는 명목 하에 가해지는 폭력적인 어휘의 사용으로, 사람들에게 박탈감과 패배 의식을 심어주기도 한다. 그럼에도 우상의 팬들은 '내가 인플루언서의 가르침을 온전히 따라 하지 못해서 그런 것 같아'라고 자책한다. 매년 수십억 원의 수익을 올리고, 순자산만 수백억 원을 가졌다고 주장하는 '권위자'의 말이라고 하니, 우리는 할 수 있는 한 온 힘을 다해서 인플루언서의 가르침을 따라야 한다. 온갖 자기계발서에 빠져 '나 자신'을 잊고 살아온 우리가 그래 왔던 것처럼 말이다.

자기계발서를 비판하는 자기계발서

———

　자기계발서의 유행은 보통 4~6년 주기로 바뀐다. 그러니까 지금까지 자기계발서는 자조의 정신을 이야기하는 자기계발서에서 성공학으로, 성공학의 뒤를 잇는 끌어당김의 법칙에서 힐링이나 욜로(YOLO)로, 힐링을 이야기하는 자기계발서에서 팬덤을 중심으로 판매량을 올리는 인플루언서의 자기계발서로 바뀌어왔다. 이 흐름에 맞게 준비해서 자신의 메시지를 발전시켜 나간 자기계발서의 저자는 지금까지 많은 부와 명예를 얻었고, 그렇지 않다면 조용히 잊힌 자기계발 강사가 되었다. 자, 그렇다면 여기서 우리가 생각해 볼 문제는 따로 있다. 인플루언서가 서술한 팬덤 중심의 자기계발서 이후 유행할 자기계발서는 무엇이 될 것인지에 대한 탐구다. 이는 꽤 중요한 문제다. 만약 우리가 그 자기계발 유행만 선도할 수 있다면 꽤 넉넉한 돈을 벌고, 칭송을 받게 될 테니까! 조금만 주의를 기울여 다가올 트렌드를 예상해 보는 것은 충분히 의미 있는 일이다. 자, 그렇다면 특별히 다음에 유행할 가능성이 높은 자기계발 분야를 알려 드리겠다! 진지하게 자기계발 강사나 유튜버가 꿈이라면 한 번쯤 준비해 보는 것도 나쁘지 않겠다. 그 트렌드는 바로 '자기계발서를 비판하는 자기계발서'다.

이게 무슨 소리일까 싶지만, '자기계발서를 비판하는 자기계발서'의 시대는 슬슬 시작되고 있다. 지금 이 순간에도, 자기계발서를 '비판'하겠다는 자기계발서나 자기계발 영상이 유튜브나 SNS에서 전파되고 있으니까(이 글을 쓰는 지금, 자기계발서를 비판하는 유튜버들은 2~4만 명 정도의 구독자를 갖고 있다. 비교적 소수이지만, 곧 폭등할지도 모르겠다. 미리미리 시장에 참가해 두자). 이런 매체들은 하나같이 자신이 성공학과 자기계발 문화의 '팩트'를 속 시원하게 비판하겠다고 이야기한다. 그리고 실제로 자기계발서와 자기계발서의 저자, 자기계발 문화에 대해 비난과 비판을 번갈아가며 주장을 펼친다. '자신은 자기계발서에서 벗어났지만, 우매한 대중은 아직 자기계발서에 빠져있다'라고 전제한 뒤, 자신이 그들을 '계도'해서 자기계발서의 늪으로부터 구해내겠다고 이야기하면서.

자기계발서의 추종자들을 계도하겠다는 주장은, 자기계발서에 속았다고 생각하는 사람들의 분노를 먹고 자라났다. 수많은 사람이 자기계발서를 믿고 최선을 다해서 살아왔음에도, 달라진 것은 없었으니까. 예를 들어 우리는 끌어당김의 법칙을 믿었지만, 보통의 경우 그 어떤 것도 끌어당기지 못했다. 성공학에서 이야기하는 성공의 팁들을 따라 해 보아도 부자가 되지 못했고, 욜로(YOLO)를 외치던 힐링은 한순간일 뿐이었으며, 동기부여 영상을 따라서 열정을 갖고 미친 듯이 살아내도 바뀌는 것은 없었다. 오히려 매번 반복되는 메시지와 강요된 열정은 사람들을 쉽사리 지치게 하였다. 그런 측면에서 우리는 스스로 자기계발서에 속았다고 생각하게 되었다. 그리고 자기계발서에 지친 사람들은 그 사실에 분노하게 된다. 자기계발서를 비판하는 자기계발서는 그 분노와 허탈감을 교묘히 이용한다. 하지만 결국, 이런 형식의 자기계발서도 기존의 자기계발서와 크게 다르지는 않아 보인다.

최근 자기계발서를 부지런히 비판하고 있는 한 SNS 인플루언서의 메시지를 살펴보자. 그의 이야기는 자기계발서를 '비판'한다는 점에서 지금까지 소개해 온 여타의 자기계발서와 주제 의식이 조금은 다르다. 하지만 자기계발서를 비판하겠다는 것 외에는 기존의 자기계발서와 크게 다른 것이 없다. 특히 메시지의 전달 방식이 그러한데, 예를 들어 이 인플루언서는 지금 퍼져있는 동기부여 메시지나 자기계발서를 무조건 읽지 말아야 한다고 '동기부여' 한다. 그래야만 미디어의 노예로 사는 삶에서 빠져나올 수 있다고 '확언'하는 것은 물론이다. 그 결과 자기계발서 메시지를 선별적으로 받아들일 수 있는 '인사이트'를 얻게 되고, 자신처럼 깨어있고 주체적인 사고방식을 '마인드 셋' 할 수 있다. 이는 어떤 면으로 살펴보아도 자기계발서의 서술 방식이다. 그럼에도 자기계발서를 비판하는 책을 쓴 이들은 자신이 자기계발서에서 벗어나 있다고 부연한다. 그는 자신의 '노력'만으로 주체적이고, 비판적이며, 합리적인 사고 방식을 갖게 되었다고도 이야기한다. 자신이 우리를 자기계발서로부터 구해줄 테니, 자신의 말을 따르라고 주장하는 것이다.

이런 종류의 자기계발서나 자기계발 영상이 주는 메시지는 간단하다. '나의 방법을 따라 하지 않으면, 당신은 성공학이라는 산업 속 마케팅의 희생자가 될 뿐이다. 그러면 당신은 온전한 '나'로서 살아가는 사람들보다 뒤처지게 된다'라는 것이다. 자기계발서에 빠진 사람들에 대한 계도를 표방하는 자기계발서는, 지금까지의 모든 자기계발서가 그러했듯이 지나칠 정도로 위기감을 고조하고, 두려움을 강조한다. 당장 무엇을 안 하면 모든 게 다 잘못되어버릴 것처럼 협박을 일삼는 것은 물론이다.

자신만이 옳고, 자신의 이야기만이 진리라는 오만. 이런 식의 주장이 '인사이트'나 '동기부여'를 통해서 의지와 독기를 가져야만 성공할 수 있다고 강조하는, 자기계발서와 다른 것이 무엇일까? 또 이런 식의 메시지 전달법이 나의 방식을 따르지 않으면 뒤처질 것이라는 공포 마케팅이 아니면 무엇인 걸까? 이는 자기계발서를 비판한다고 하면서, 그 문법에서 벗어나지 못하는 새로운 자기계발 메시지의 등장일 뿐, 그 이상도 이하도 아니다. 권위를 비판하는 권위. 두려움을 강조하는 또 다른 두려움. 그렇다. 우리가 목격하는 것은 또 다른 복종의 시작이다. 그리고 이런 복종은, 우리에게 아무런 도움도 주지 못한다. 정말 쉽지 않은가. 얼마나 모진 마음을 먹을 수 있어야 이런 뻔한 메시지를 또다시 세상에 내놓을 수 있을까. 이런 메시지는 결국 또 다른 복종을 가져올 뿐인데도.

3

복종이라는 미덕, 불복종이라는 죄악

자기계발서라는 흰개미 떼

인간으로서 자신의 이성과 자유를 지켜내기보다 더 큰 권력과 집단에 복종하는 것. 이는 인류 역사 대대로 내려온 생존방식이라는 것을 알고 있다. 나보다 강한 집단 혹은 사상, 개념에 복종하여 그들의 보호 안에 머무는 것은, 개인의 생존 가능성을 가늠하는 척도였다. 주어진 규칙에 복종하지 않는다면 어느 한 무리에 소속될 수 없다. 그리고 물론, 우월한 지배력을 갖추고 있던 무리에서 배제된다는 것은, 결코 생존에 유리한 요소가 아니다. 엄한 계율을 강조했던 종교들이 그러하였고, 민중을 지배하기 위해 만들어진 수많은 사상이 그러하였으며, 지도자에 대한 복종이 대중화 될 수 있었던 것도, 결국은 살아남기 위해서였다. 그래, 우리는 분명 살아남아야만 했다.

사실 대중의 이성과 자유를 빼앗고 복종을 강요하는 것은 그다지 어려운 일이 아니다. 막대한 예산을 이용하거나 무력으로 강요할 필요도 없다. 대중에게 이익을 주거나, 대중을 두려움으로 이끌면 충분하니까. 예를 들어 고대 로마시기, 검투사들의 싸움은 로마 군중에게 카타르시스를 안기기에 충분했다. 검투사들의 싸움, 그리고 사치와 향락에 빠져있던 군중은 복잡한 주제였던 이성이나 자유, 정치는 내팽개친 채로 권력자들이 정해주는 방향으로 나아갔다. 반대로 두려움으로 군중을 지배했던 방식도 쉽사리 생각해 볼 수 있다. 예를 들어 중세 시기 종교의 권위를 앞세워 가해졌던 잔인한 채찍질부터 현대 사회에도 계속되고 있는 이념, 사상 혹은 체제에 대한 두려움 그리고 복종과 같이.

빠른 이해를 위해서 전체주의가 판을 치던 시기를 생각해 보자. 나치즘이나 파시즘이 넘실대던 폭력의 세기. 그 시기에 특정 나라, 거의 대부분의 국민이 독재자에게 권력을 위임하고 철저히 복종하였던 것은 널리 알려진 사실이다. 이성과 자유를 포기하고, 두려움에 복종한 대중은 아픔과 고통, 절망에 시달렸다. 그리고 그보다 더 많은 사람을 죽음과 공포, 굶주림으로 이끌었다. 그럼에도 아직까지 우리는 이성과 자유 대신에 복종을 선택하는 사람들을 쉽게 찾아볼 수 있다. 에리히 프롬이 '사회적 도피'라고 칭한(에리히 프롬, 자유로부터의 도피, 휴머니스트, 143pg) 이런 행동들 - 지도자에게 굴복하거나, 강박적으로 동조하는 행위 - 은, 우리가 권위에 얼마나 쉽게 복종할 수 있는지를 잘 보여주고 있다. 그것도 지나칠 정도로 잘.

지금도 우리는, 상황과 조건만 맞으면 그 무엇에든 기꺼이 복종할 수 있는지도 모른다. 자기계발서의 저자들이 주장하는 메시지에 우리가 깊이 빠져드는 것도 같은 이유일 수 있겠다. 나의 이런 추측이 과도한 일반화인 걸까? 그렇다면 이렇게 생각해 보자. 자기계발서의 서술 방식은 간단하다. 일방적으로 성공과 성공 그리고 성공을 이야기할 뿐이니까. 그 성공이 어떠한 모습인지는 다음에 다루더라도, 이것 하나만큼은 명확하다. 자기계발서의 세계에는 결코 실패가 없다는 것. 가끔 자기계발서에서 주장하는 방식대로 성공하지 못한 실패의 사례를 이야기하기도 하지만, 그것은 성공하지 못한 패배자를 조롱하는 비겁한 장치에 불과하다. 나의 말에 따르지 않으면 당신도 저렇게 될 것이라는 긴장을 끌어올리기 위한 장치 말이다.

자기계발서를 읽는 사람들은 실패한 사람의 이야기를 보고 싶어 하지 않는다. 그저 성공한 사람의 스토리를 멀찍이서 지켜보고, 성공의 방법을 '인사이트'라고 부르며 그들의 노하우만을 얻어가고 싶어 할 뿐이다. 그러면 그 노하우를 얻은 자신의 성공도 확신할 수 있을 테니까. 하지만 잘 살펴보면 성공을 이야기하는 자기계발서의 뒤에는 성공하지 않으면 패배자가 된다는 은근한 두려움이 깔려있다. 실패하고, 배제되어 비참한 삶을 살게 될 것이라는 알 수 없는 공포. 그 공포가 모든 것을 지배한다. 지배자는 대중이 원하는 것을 계속해서 제공하거나, 그들을 채찍으로 내리치며 공포로 통치하면 된다. 원하는 것을 주든지, 실패 혹은 패배라는 인간의 근원적 두려움을 자극하는 방법, 그것이면 충분하다. 강요된 두려움은 우리를 '만인의 만인에 대한 투쟁 상태'로 이끌 뿐이지만 다들 성공에 눈이 멀었는데 누가 신경이나 쓸까. 우리는 다른 이들의 위에 서야만 하는데.

물론 자기계발서를 읽는다고 해서 성공할 수 있을지 없을지는 그 누구도 알지 못한다. 나는 자기계발서가 성공과는 관련이 없다는 쪽에 베팅하겠지만, 실제로 자기계발서를 읽고 성공했다는 사람이 있을 수도 있겠지. 그렇기에 자기계발서의 메시지를 읽은 우리는 평생 초조함에 빠져 살아가는지도 모른다. '누군가는 성공했는데 왜 나는 안 되는 거지, 다른 사람보다 뒤처지는 것 아냐?'와 같은 생각에 휩싸여서. 자기계발서는 독자들의 욕구를 따라 독자들이 원하는 대로 승리, 성공, 성취의 단면만을 보여준다. 물론 성공 사례의 이면에는 수만, 수백만 명의 실패가 있겠다만, 자기계발서에는 그런 실패 사례가 등장하지 않는다. 다시 한번 강조하지만, 자기계발서를 읽는 사람들은 실패담을 듣고 싶어 하지 않는다. 자기계발서의 독자들은 그저 승리에 대한 확신만을 원한다. 반복적으로 성공에 관한 사례를 접하면 나도 얼마든 성공할 수 있으리라는, 근거 없는 확신을 갖기 위해서 말이다. 더욱이 그 자기계발서가 그 자기계발서인지라, 확증편향을 경험하기도 쉽다. 조금만 복종하면 성공을 안겨준다니. 복종에 대한 의지는 더욱 강해진다. 심리적 울타리를 모두 무너뜨린 채 종교적 가르침을 따르는 것처럼. 그리고 자기계발서는 바로 그 빈틈을 교묘하게 이용한다. '인간의 이성'이라는 최후의 보루까지 갉아 무너뜨리고 마는 흰개미 떼와 같이.

예언자와 예언가, 그 사이에 서서

━━━━━━━━

　에리히 프롬은 그의 저서 『불복종에 관하여』에서 (진짜)
예언자와 (가짜)예언자, 즉 사제를 구분한다. (진짜)예언
자의 경우 '인간 앞에 놓인 대안들이 무엇인지를 보여주었
다.'(에리히 프롬, 불복종에 관하여, 마농지, 25pg) 반면 사제는 '사
상을 이용해서 사람들을 동원하고, 사상의 적합한 표현을
통제해서 사람들을 통제한다.'(에리히 프롬, 불복종에 관하여, 마
농지, 27pg)고 보았다. 요컨대 예언자들은 대중에게 선택지

를 주는 자들이다. 세상의 분기점에서 어떤 미래를 만들어 갈지에 대해서 질문을 던지고, 그 질문에 답할 온전한 자유를 주는 것이다. 그것이 예언자들의 방식이다. 예언자들의 예언을 비틀어 새로운 사상을 만들고, 그 사상으로 인간을 구속, 통제해 온 가짜 예언자들의 방식과는 확연히 다르다.

하지만 우리는 쉽사리 가짜 예언자들의 맹목적인 통제를 따르고는 한다. 그 통제가 일종의 권위이자, 힘이어서 그런 것일까? 아니면 우리 미래에 닥쳐올 일을 선택하고, 그 선택에 책임을 져야 하는 현실이 버거워서일까? 어쩌면 우리는 이 딜레마에서 자기계발서를 보는지도 모른다. 자기계발서는 마케팅을 통해 자기계발서 한 권에 승리와 패배가 영원히 나뉠 것처럼 과장한다. 그러니 일단 자기계발서를 한 번 읽고 난 이후로는, 자기계발서를 따르지 못했을 때 느껴지는 자책을 감당하기란 쉽지 않다. 자기계발서에 철저히 복종할 수밖에 없는 것이다.

이렇게 이야기하면 과도한 일반화라는 지적을 받을지도 모르겠다. 혹은 스스로를 무시하는 발언으로 치부될 수도 있겠지. 그럼에도 명확한 사실은, 자기계발서에 복종하는 우리는 사실 자유를 두려워하는지도 모른다는 것이다. 이렇게까지 이야기를 할 수 있는 이유는 간단하다. 자유는, 우리가 자연 상태에서 살아남기에 썩 유리한 능력이 아니기 때문이다. 예를 들어 인류 역사의 태초부터 고대에 이르기까지 자유롭게 여행을 떠나고, 처음 보는 것들을 먹어보고, 큰 집단의 규칙에 반하는 일들은 한 개인의 목숨을 담보로 하는 위험천만한 행위였고, 썩 이상적인 용기는 아니었다. 그러니 자유를 거부해야 자연 상태에서 살아남을 수 있었다. 물론 현대 사회에서는 이성과 자유가 그 무엇보다 소중한 가치가 되었지만, 우리가 참된 의미의 자유를 누릴 수 있었던 시간은 얼마 되지 않는다. 그럼에도, 아니, 그렇기에 우리가 자유를 두려워하는 것은 어쩌면 당연한 일이다. 그리고 어쩌면 그것이 우리가 돈, 꿈, 심지어는 개인의 삶까지 제물로 바쳐서 자유로부터의 자유를 원하는 진정한 이유인지도 모르겠다.

　물론 이런 반박이 나올 수도 있다. '자신이 자기계발서를 읽는 이유는 자유를 포기하는 것과 아무런 상관이 없다'라는. 혹은 '자신은 자기계발서를 읽는 것이 즐거울 뿐이고, 자기계발서에서 얻을 수 있는 인사이트와 동기부여가 삶을 살아가는 데 너무나도 큰 도움이 된다'라는 식의 반박 말이다. 더 나아가서 '최선을 다해 살아가는 것(갓생)이 나에게는 행복이자 보람'이라고 생각할 수도 있겠다. 충분히 납득 가능한 반론이고, 나는 그와 같은 의견을 철저하게 존중한다. 그러니 만약 자기계발서가 자신의 삶에 도움이 된다고 생각한다면, 계속 자기계발서를 읽으며 삶의 힘을 얻으면 된다. 자신이 품은 생각을 타인에게 강요하지 않는 한, 개인의 사고방식은 다른 누가 평가할 수 있는 영역이 아니다. 그리고 나는 그런 사고방식을 절대로 폄훼하지 않는다.

　다만, 내가 예언자와 예언가의 이야기를 통해서 말하고

자 하는 것은 일부 자기계발서에는 강요와 통제의 메시지를 담고 있다는 것이다. 이는 사상적 폭력이다. 독자의 '복종'을 불러일으키는 사상적 폭력 말이다. 니체는 저서 『우상의 황혼』에서 이렇게 이야기한다. "인간은 이렇고, 저래야만 한다!"고 주장하는 것이 얼마나 유치한 것인가에 대해서 마지막으로 다시 생각해보자. (프리드리히 니체, 우상의 황혼, 부북스, 50pg) 그럼에도 자기계발서는 우리의 선택권을 박탈한 채 자신이 강조하는 내용만이 '진실'이라고 선언한다. 그 진실 앞에 개개인의 개성이나 자유로움 따위는 허락되지 않는다. 그저 성공이라는 목표를 향해 바삐 뛰어가야만 하는 '한 무리의 개인'이 존재할 뿐.

내가 받을 건 고작 당근 몇 개일 텐데

"핑계 대지 마. 억울하면 성공하면 되잖아. 누가 성공하지 말래? 지금까지 너는 나약하게 살아온 패배자에 불과할 뿐이고, 그렇기에 너는 치열하게 성공한 사람들을 질투할 자격도 없어."

나약한 사람의 질투. 이 문장에 숨은 폭력성을 생각한다. 그리고 이 문장을 실제로 들었을 때의 충격을 떠올린다. 왜 우리는 다른 사람에 대해서 이렇게나 쉽게 이야기하는 것일까. 자기계발을 하지 않는 것은 나약한 사람들의 핑계고, 핑계만 대는 너는 패배자일 뿐이라고? 어째서 우리는 서로의 등 뒤에 칼을 대고 상대방에게 빨리 뛰라고, 더 빨리 뛰라고 강요하는 것인지. 그 질주 끝에 문득 정신을 차려보면, 우리가 마주하는 것은 '살기 위해서' 목숨까지 내걸고 뛰어야 하는 자기 자신일 텐데. 그럼에도 누군가는 이 모든 이야기가 패배자의 허울 좋은 핑계라고 생각하겠지.

우리 사회가 공유하고 있는 '안 되면 되게 하라'라는 식의 소위 '헝그리 정신'은, 모든 사회적 부조리와 고통의 원인을 자신에게서 찾도록 강제하고 있다. 분명히 사회 구조적으로 풀어나가야 하는 문제임에도 헝그리 정신으로 포장되면 개인의 탓이 되어버린다. 개인이 의지만 있으면 무엇이든 해낼 수 있다는 사회에서, 사람들은 쉽사리 폭력적 사고방식에 노출된다. 사회 시스템적 문제를 개인의 탓으로 규정한다면, 그 해결책은 분명 간단하고, 빠르고, 쉬워질 것이다. 힘없는 개인에게 모든 잘못을 돌린 채로 외면하면 될 테니까.

하지만 책임의 전가와 외면이 우리가 살아가기로 '합의한' 사회에 어떠한 긍정적 변화를 가져다줄까? 그저 정체되어있는 사회적 상태에 안주하고 모든 문제의 원인을 개인에게서 찾게 할 뿐이지 않을까? 예를 들어 치통이 생겼을 때 치과를 방문해야지, 이 고통을 끌어당김의 법칙으로 해결해 보겠다고 나서지는 않듯이. 또 국가적 경제난 때문인 기아사태에 개인의 노력을 운운하거나, 글쓰기와 명상으로 이겨내겠다고 이야기하지는 않는 것과 같이.

나는 자기계발서에 빠진 사람을 - 그리고 나 자신을 - 경주마에 비유한다. 경주마에 대한 비유는 여기저기서 많이 활용되었지만, 자기계발서의 이야기에 적용하는 것이 가장 적절한 비유라고 생각한다. 경주마는 자연에서 뛰노는 자유로운 말처럼 있는 힘껏 뛸 수는 있다. 아니, 자연 상태의 어느 말보다도 빠르게, 전력을 다해서 뛴다. 하지만 경주마를 뛰게 하는 것은 '자유'가 아니다. 바로 '권위'가 가하는 채찍질이다. 경주마는 그 채찍질에 저항 한번 할 생각도 못한 채로 심장이 터져서 죽을 때까지 뛰고, 또 뛴다. 그렇게 뛰다 보면 그 끝에 성공이 있다고는 하는데, 그 어떤 경주마도 꿈꾸던 성공을 보거나, 과실을 나눠가진 적이 없다. 한 번의 경주에서 살아남으면, 또다시 라인에 서서 헛된 성공을 위해 목숨을 걸고 뛰어야 하는 자기 자신이 있을 뿐이다. 그저 자기계발서가 품고 있는 권위와 조건 없는 믿음에 의존해서 뛰고 또 뛴다. 경주마는 자신이 원하는 길로 나아가지 못한다. 다른 누군가가 경주마의 길을 그려주어야만 그 길을 따라 뛸 뿐이다. 결국, 자기계발서에 빠진 우리는 자기 판단력과 선택권, 희망, 삶까지 모두 이름 모를 권위에 일임한 채, 그 지배를 받는 것을 선택한다.

그런데도 과연 자기계발서의 주장과 같이 우리가 목숨을 걸고 노력하면, 그 끝에 성공이라는 과실이 있을까? 아니, 그 성공의 과실을 이야기하기 전에 성공한 사람을 숭배하고, 뒤처진 이들을 경멸하는 지금의 방식이 옳다고 할 수 있을까? 글쎄, 누구도 알 수 없다. 사실 나는 자기계발서를 읽고 정말 '성공'했다는 사람을, 그러니까 순전히 자기계발서에 적힌 내용을 따라 하는 노력만으로 무언가를 해낸 이들을 알지 못한다. 물론 귀납법에 따른 일반화를 섣불리 시도하지는 않겠다. 다만 내가 궁금한 것은, 기껏해야 트랙을 달리는 경주마가 결승점에 들어간다고 해서, 얼마나 큰 과실을 받느냐는 데 있다. 잘해봐야 당근 몇 개의 보상, 형편없지만 마장 속 좁은 세계에서 살아온 말에게는 전부인 보상일 것이다. 생각해야 한다. 우리는 경주마로서 고작 그 작은 과실을 얻기 위해 목숨을 걸고 뛰는 것은 아닐까? 이 세상에는 성공만이 전부고, 모든 것은 내 탓이라며 애써 합리화하면서.

우리나라에서 자기계발서는 보통 베스트셀러 순위에 수 권이 랭크되어 있다. 가장 잘 팔리는 책 100위 권 이내에 자기계발서가 꼭 포함되어 있을 정도이니, 우리나라의 자기계발서 사랑은 특기할 만하다. 혹은 성공 콤플렉스가 극에 달해, 모두가 성공을 위해서 인생을 바치고 있는 사회라고 말하는 것이 조금 더 정확하려나. 모두가 다른 모두의 모든 것을 빼앗고자 한다. 또 다른 누군가는 모두의 것을 빼앗은 자의 것을 빼앗으려 한다. 그게 성공이라고 배워 왔고, 우리는 성공만 하면 다른 모든 것이 이루어질 것으로 생각해 왔다. 무엇보다 자기계발서를 읽으며 성공이 아닌 다른 삶을 생각할 수도 없었으니까. 그러니 끊임없이 싸울 뿐이다. 자기계발서는 그런 싸움을 부추기고, 채찍질을 가한다. 자신에게 복종하면 성공의 비법을 알려주겠다고 허세를 부린다. 그리고 슬프게도, 우리는 기꺼이 그 허세를 믿고 따르기로 한다. 이것이 자기계발서에 모든 것을 바친 우리 시대의 단상이다.

자기계발서가 무서운 진짜 이유

자기계발서의 종류뿐만 아니라 자기계발서를 '읽는' 방법도 유행을 탄다. 근래 가장 인기 있는 방법은, 자기계발서를 한 번에 30~40권 이상 연달아 읽는 것이다. 유사한 논지의 책을 읽고 또 읽으며 자기계발서의 암시를 내재화한다는 논리다. 이렇게 집중적인 자기계발서 읽기는 '마인드셋'의 변화라고 포장된다. 단시간 내에 집중적으로 자기계발서를 읽으면 우리의 무의식이 근본적으로 변한다는 것이 해당 이론의 요지다. 지금도 자기계발서를 맹신하는 이들, 자기계발서를 통해 성공하겠다고 생각하는 이들, 그러니까 자기계발서에 열과 성을 쏟는 독자들은 마인드 셋을 위해 자기계발서를 탐닉한다. 마치 과거의 내가 그랬던 것처럼. 삶을 위해 자기계발서를 읽는 것이 아니라, 자기계발서를 읽기 위해 삶을 살아가는 이들. 그런 이들을 나는 '탐닉자'라고 부른다.

그렇다면 탐닉자들이 자기계발서를 40권씩 쉬지 않고 읽어대면서까지, 깊게 빠져들고자 하는 마인드 셋이란 무엇일까? 의미는 조금씩 다르지만, 자기계발서에 관해서 마인드 셋은 일종의 확증편향이다. 여기서 확증편향이란 자기 생각과 결이 같은 수장 내지 정보에만 주목하고, 자신의 주장 및 관념과 어긋나는 정보는 무시하는 태도를 뜻한다. 확증편향에 빠지면 자신이 믿고자 하는 것만 믿고, 보고자 하는 것만 보게 된다. 자신이 얻고자 하는 정보만 취사선택하는 확증편향은 탐닉자들에게서도 그대로 나타난다. 탐닉자들은 자기계발서를 읽고 의도적으로 확증편향에 빠져든다. 자신의 믿음과 일치하는 자기계발서만을 취사선택해 받아들이는 셈이다. 그 결과 탐닉자들은 자신들이 지지하는 가설 - 자기계발서를 따라 하면 성공한다 - 만을 굳건하게 믿게 된다. 반면 자신이 믿지 않는 주장 - 자기계발서는 거짓 주장일 뿐이다 - 은 철저하게 배척한다. 그래서일까? 탐닉자들은 더욱 다이내믹한 성공 스토리, 성공에 대한 굳건한 확신, 빠르고 확실한 성공이라는 자극적인 사례만을 찾아 헤맨다. 그렇게 해야만 확증편향을 강화하고 효과를 누릴 수 있기 때문이다. 그리고 그렇게 해야만 자신의 성공을 확신할 수 있기 때문이기도 하다.

탐닉자들은 자기계발서가 진정으로 효과가 있는지에 대한 의문조차 철저하게 배척한다. 나아가 자기계발서가 정해준 성공의 방법에서 조금이라도 벗어나면 금방이라도 패배자가 되는 것인 양 두려움에 떨며 살아가게 된다. 사실, 자기계발서를 접하지 않고 살아가는 대다수 사람에게, 자기계발서의 주장은 하나의 소음일 뿐이다. 하지만 탐닉자들은 다르게 생각한다. 탐닉자들에게 자기계발서에 나오는 예시와 논리, 교훈과 가르침은 하나의 성스러운 복음이다. 그리고 그들은 그 복음을 지키기 위해 자기계발서를 읽지 않는 이들과 거리를 두는 것조차 망설이지 않는다(물론이와 같은 사고방식 또한 자기계발서의 가르침이다). 자기계발서에서 나오는 이야기를 실천하느냐 안 하느냐가 성공한 사람과 실패한 사람 사이에 있는 1%의 차이라고 주장하면서.

탐닉자들은 자기계발서를 30~40권 씩 읽고 또 읽으며 확증편향의 미로 속으로 기꺼이 빠져 들어간다. 그만큼 굳건하게 자기계발서를 믿고 있다. 그렇기에 탐닉자들의 사고방식 또한 점차 단순해지고, 극단적이 되어간다. 성공 아니면 실패. 탐닉자들은 그 변화를 훈장으로 여길 수 있겠지만, 자기계발서를 읽지 않는 다른 사람들에게 탐닉자는 간단하고, 얕으며, 사이비 종교와 같은 맹목적인 믿음을 가진 사람일 뿐이다. 비록 탐닉자는 자신이 자기계발서 속 인물들처럼 성공할 수 있다는 자기중심적이고 동경 어린 믿음을 갖고 있겠지만 말이다.

탐닉자들은 마인드 셋을 위한 지난한 노력 끝에 '생생하게 꿈꾸면 이루어진다'거나, '범우주적으로 내가 원하는 것을 끌어당길 수 있다'라는 식의 기복신앙적 믿음에 이른다. 그들은 신성불가침의 경전(자기계발서)을 읽고 행한다. 그래야만 '성공'이라는 복을 받게 될 테니까. 그에 반하는 모든 불신자는 패배자의 삶을 살게 될 것이다. 이런 식으로 탐닉자들은 자기계발서가 안겨준다고 확언하는 '종교적인 성공'만을 믿은 채 손에서 책을 놓지 못한다. 선후관계를 비틀고, 사건을 단순화하며, 순환논증의 오류에 빠져 있더라도 애써 무시한 채로.

성공과 실패. 그 두 가지 가능성 사이에서 우리는 늘 '성공'을 선택할 것이다. 하지만 우리의 성공은 자신의 노력과

의지의 결과물이지, 주술 혹은 마법이라는 허상의 규칙을 따를 때 주어지는 것이 아니다. 또 우리를 성공으로 이끄는 것은 스스로의 내재적 동기이지, 동기를 '부여받기' 위해 누군가에게 바치는 돈과 시간이 아니다. 하지만 탐닉자들은 이 본질을 애써 외면한다. 그리고 기꺼이 자기계발서에 돈, 시간 그리고 노력을 바친다. 그럼에도 자기계발서는 탐닉자에게 부당한 모욕을 가한다. 그것이 탐닉자가 원하는 것이라고 주장하면서.

자기계발서의 약속, 다시 말해 '성공을 안겨주겠다'라는 확언의 전제는, '지금의 너는 패배자일 수밖에 없다'이다. 자기계발서는 이야기한다. '현실을 보라고, 너는 패배했고, 나태하고, 지루하고, 따분하고, 부끄러운 삶을 억지로 살아가고 있다'라고. 너의 말은 무조건 스스로를 속이기 위한 것에 불과하니, 정신 차리고 마인드 셋을 다시 해서 '자기계발'에 온 힘을 쏟아야 한다고. 그렇게 열 권, 스무 권 똑같은 소리를 하는 자기계발서들을 만나게 되면 어느새 탐닉자들은 그 이야기를 철석같이 믿게 된다. 나아가 성공하지 못한 지금까지의 스스로를 무능력하다고 생각한다. 철저한 자기부정. 자기계발서의 진정한 공포가 이제 막 시작된 셈이다.

자기계발서가 성공한 사람을 만들까

━━━━━━

    스톡홀름 증후군이란, 범죄의 피해자가 오히려 가해자에게 감화되고 동화되어 가해자의 행위를 옹호하고, 변호하는 이상 심리 현상을 나타내는 용어다. 스톡홀름 증후군은 '스톡홀롬 크레디트반켄 은행 인질 사건'에서 처음 보고되었다. 이때 은행 인질들은 인질 상태에서 풀려난 후, 오히려 납치범들을 옹호하고, 변호하려 애썼다고 한다. 자신의 생사여탈권을 쥐고 있는 절대적 강자에 대한 심리적 공감과 연민, 그리고 가해자들이 처해 있는 입장을 역으로 이해하고 동정하는 현상. 스톡홀름 증후군은 폭력부터 인질극에 이르기까지 극단적인 상황에서 발생할 수 있다.

　　그렇다면 도대체 왜 이런 현상이 벌어지는 걸까? 아르노 그륀은 자신의 저서 『복종에 반대한다』에서 페렌치의 설명을 인용해 '힘과 권위에 대한 두려움이 극에 달하면 아이는 자동적으로 공격자의 의지에 굴복하고, 공격자가 원하는 것을 찾아내 자발적으로 따르게 된다. 또 자기 자신을 완전히 잊어버린 채 자신을 공격자와 전적으로 동일화하는 단계에 들어선다.'(아르노 그륀, 복종에 반대한다, 더숲, 31pg)고 설명한다. 공포에 떠는 아이의 사례가 자기계발서를 맹신하는 탐닉자의 모습과 비슷하게 보이는 것은 우연인 걸까? 자기계발서는 성공을 이야기하면서도 결코 탐닉자들의 자존감을 고양하려 하지는 않는다. '다 괜찮다'라는 식의 힐링을 이야기하는 자기계발서를 제외한 모든 자기계발서는, 일상적으로 독자의 자존감을 교묘하게 깎아내린다. 이를테면 '지금까지 네가 노력하지 않았으니, 패배자로 살고 있다. 그러니 성공하고 싶다면 내가 성공한 방법을 듣고 무조건 그대로 따라 하라'라는 식으로.

그렇기에, 자기계발서는 탐닉자들의 마음을 최대한 무시하고, 꺾어놓아야 한다. 폭력적이고 절대적인 영향력을 행사하는 부모에게 복종하듯이, 패배에 대한 두려움을 앞세워 가해자(일부 자기계발서의 저자)에게 복종하도록 만드는 것이다. 자기계발서는 탐닉자들의 자존감과 자신감, 자의식에 일부러 모욕을 가한다. 사실 이는 철저하게 일방적이고 반박이나 변호조차 할 수 없는 불합리한 공격과 비난이다. 결국 자기계발서의 영향을 물씬 받은 탐닉자들은 스스로에 대한 불신을 키워 나갈 수밖에 없다. 그리고 그 빈자리를 자기계발서에 대한 복종으로 채워 나간다. (공교롭게도 이 글을 쓰는 지금, '자의식을 무력화하라'고 주장하는 자기계발서가 선풍적 인기를 끌고 있다. 이제는 자의식의 무력화까지 자기계발서의 소재가 되어버린 것이다).

자존감마저 박탈당한 탐닉자들을 기다리는 것은 오직 끝없는 무력감이다. 그와 같은 이유로 자신의 자의식을 무너뜨린 자기계발서의 권위에 대항하지 못한다. 오히려 과거의 자신이 나태하고, 멍청하고, 형편없었다고 믿는다. 과거의 선택에 실망하고, 생각을 부정한다. 자기계발서는 바로 그 틈을 놓치지 않고 탐닉자들의 사고방식에 개입한다. 자기계발서 특유의 단순하고 고양된 메시지로 탐닉자들이 품고 있는 틈을 메워주겠다고 제안하면서. 만약 어떤 자기계발서가 효과적이고 효율적으로 독자의 자존감을 허물어뜨리고, 동시에 그 빈틈을 철저하게 계산된 메시지로 채워낼 수 있다면, 그 책은 높은 확률로 자기계발서 분야의, 아니 어쩌면 전체 서적 중 종합 베스트셀러에 오르게 될 것이다.

성공적인 판매고를 기록하는 자기계발서는, 정제되고 설득력 있는 방식으로 다음과 같은 메시지를 전달한다.

"긍정적 파동을 끌어당겨야 한다. 무언가를 정말 간절하게 원하면 온 우주가 도와줄 것이다. 생생하게 꿈을 꾸며 시각화하면 무엇이든 이루어지는 것은 물론이다. 다른 것은 중요하지 않다. 중요한 것은 철저한 몰입이다. 아니, 몰입보다 중요한 것은 1만 시간 동안 무엇인가를 열중해서 해보는 것이다. 아니다, 1만 시간까지 필요하지도 않다. 사실 5,000시간이면 충분하다. 무슨 소리냐, 그럴 필요도 없다. 오히려 하루 2시간 정도 책을 읽고 글을 쓰면 다 이룰 수 있다. 잠깐, 거기에서 더 나아가, 1년 만에 300권의 책을 읽을 수 있지 않느냐, 그 정도 읽으면 인생이 바뀌고 자신의 가치가 올라가며 이른바 '퍼스널 브랜딩'이 가능해져 얼마든지 강의도 다닐 수 있다. 그러니 그런 멋진 삶을 살고 싶거든 나의 가르침을 받아야 한다. 어떠한 변명도 해서는 안 된다. 마인드 셋, 명상, 확언, 감사 일기, 필사, 미라클 모닝, 그릿, 무의식 교정, 파워 포즈, 아침 일기, 새벽 운동……. 이 모든 것을 해야만 한다. 할 수 있다. 아니, 사실 못하면 패배자가 될 뿐이다(가만, 그런데 이 모든 것을 하루 안에

할 수 있기는 한 걸까?).

내가 아무리 노력하고 노력한다고 한들, 나는 나다. 멍청할 정도로 당연한 소리이지만 다시 한번 강조하자면, 나는 내가 아닌 다른 누군가가 될 수 없다. 즉, 내가 아무리 성공한 사람들의 이야기를 읽고 또 읽더라도, 성공한 사람이 써 내려온 삶의 궤적과 똑같은 방식으로 살아갈 수는 없다. 생생히 꿈을 꾸고, 필사를 하더라도 결코 그 책을 저술한 사람이 될 수 없는 것 또한 명백하다. 그가 타고난 모든 생각과 경험, 순간의 선택과 센스, 용기와 평정심 더 나아가 살아가는 사회, 세상, 시대 그리고 가장 중요하게는 그가 갖고 있는 '운'을 과연 누가 따라 할 수 있을까? 그럼에도 자기계발서는 이 복잡한 변수들을 줄이고 줄여 한 단어로 만들어서 - 보통은 '노력'이라고 뭉뚱그리지만 - 탐닉자에게 강요한다.

세상은 끊임없이 변화하고 있고, 성공한 사람의 이야기

는 이미 지나칠 정도로 포장되고 과장되었다. 과연 자기계발서를 보고 성공한 것일까, 성공한 사람이 자기계발서를 쓰는 것일까? 그 가운데서 우리가 정말로 자기계발서에 소개된, 성공한 사람이 성공할 수 있었던 핵심 요인을 찾아내고, 그대로 따라 할 수 있을까? 더 나아가, 우리의 삶을 결정짓는 그 모든 요소, 말하자면 우연과 인연까지 모방할 수 있을까? 아마, 그 누구도 자신 있게 '그렇다'라고 대답하지는 못할 것 같다.

죄의식과 복종과 두려움

―――――――――

'대부분의 사회체제에서 복종은 최고의 미덕이고 불복종은 최고의 죄악으로 여겨진다. 우리의 문화에서 누군가가 '죄의식'을 느낄 때, 사실 그는 불복종한 데 대한 두려움을 느끼고 있는 것이다.'(에리히 프롬, 불복종에 관하여, 마농지, 31pg)

앞서 인용한 에리히 프롬의 뛰어난 통찰을 빌려보자면,

우리가 무언가에 복종하는 이유는 우리 안의 두려움 때문이다. 하나의 사회, 하나의 집단에서 배제되는 것에 대한 두려움. 그렇다면 우리가 사회로부터의 배제를 두려워하고 있다는 당연한 사실이, 자기계발서에 중독된 사회의 모습과 어떤 연관이 있는 것일까?

나는 지금까지, 자기계발서가 하나의 종교처럼 신봉되고 있다고 이야기해 왔다. 특히 우리나라와 같이 '안 되면 되게 하라'라는 '헝그리 정신'이 깊게 뿌리박혀 있는 문화권에서 살아가고 있다면, 자기계발서의 무한한 긍정성을 거부하는 것은 쉽지 않다. 긍정성을 거부하는 행위를 - 그러니까, 무엇을 '할 수 없다'고 이야기하는 행위를 - 나약하고 부정적인 것으로 간주하는 탓이다. '안 되면 되게 하라'는 정신의 근간은 무한한 경쟁에 있다. 어떤 수를 쓰든 다른 사람보다 높은 실적, 성적, 평가를 얻어내야 한다. 하루에 몇 시간을 근무하든지, 주말에 출근하든지, 어떤 비인간적 처사를 감내하든지, 어떤 굴욕과 모욕을 겪고 또 어떤 불합리를 겪어내든지. 살아남기 위해 무조건 버텨야 한다. 그렇지 못하면 나약한 것이고, 우리 사회는 나약한 사람에게 어떠한 손길도 내밀지 않는다. 단 한 순간이라도 나약해지면 살아남을 수 없다. 나약함에 대한 처벌은 '사회에서의 배제'일 테고, 그 처벌은 순식간에 집행된다. 그리고 그렇게 배제된 이상 한번 더 기회를 얻기란 실로 어려운 일이다.

금방이라도 떨어질 것만 같은 벼랑 끝 사회에서 위태롭게 살아가는 우리. 그런 우리의 불안을 먹으며 자기계발서는 시장을 넓혀가고 매출을 올린다. 자기계발서는 스스로가 '삶의 해답'이라고 주장한다. 즐거움을 죄악으로, 휴식은 나태로, 사랑을 사치로 만들겠지만, 적어도 사회로부터 배제되지 않기 위한 수단이라고 강조한다. 낙오될 두려움을 겪지 않도록 만들어 줄 바이블 말이다. 자기계발서는 힘든 내일도 어떻게든 버틸 수 있도록 동기를 부여해 주겠다고, 경쟁에서 뒤처지지 않도록 휴식도 없이 동분서주 할 수 있는 힘을 주겠다고 이야기한다. 매출을 높여주고, 매월 천만 원을 벌도록 해주며, 순식간에 나를 바꾸어 줄 유일한 수단. 그러면 우리는 '이게 맞나?'라는 의문도 숨긴 채 자기계발서를 읽고, 무언가를 깨달아야 한다. 억지로라도. 그렇게 우리는 자기계발서에 자발적으로 권위를 부여하는 셈이다.

에리히 프롬은 우리가 어떤 권력의 추종자가 되어있는 상태를 다음과 같이 설명한다. '나는 오류를 범할 리 없다. 권력자가 결정을 내려주기 때문이다. 나는 혼자일 리 없다. 권력자가 나를 늘 지켜보고 있기 때문이다. 나는 죄를 범할 리 없다. 권력자가 내가 죄를 범하게 두지 않을 것이기 때문이다.'(에리히 프롬, 불복종에 관하여, 마농지, 17pg)

간단하다. 우리가 모든 것을 내려놓고 권위에 복종한다면, 우리는 아무것도 책임지지 않을 수 있다. 자기계발서는 우리가 두려워하는 부분만을 예리하게 파고들어 해답을 주는 것처럼 보인다. 그리고 그 해답만을 따르면 모든 일이

해결될 것만 같다. 다른 생각을 하느라 머리가 아플 필요도 없고, 시키는 대로만 하면 된다는 안락함을 느끼면 된다. 판단할 필요도 없다. 사회라는 권력에서 살아남기 위해 또 다른 권위에 의존하는 결말. 에리히 프롬이 이야기한 바와 같이, 권위자의 가르침 앞에서 나는 오류를 범하지 않는다. 마법으로 끌어당기고, 성공학의 강사가 외치는 긍정의 메시지를 들으며, 그 강사의 팬이 되어 판단을 위임하면 족할 뿐이다. 그러면 우리는 안전하다. 적어도 '당장'은.

4

BELIEVE

숨 막힐 것만 같은 탐욕 속에서

BELIEVE

다른 사람과 똑같아져야만 하기에

―――――

"전 세계 1% 부자가 되는 몇 가지 법칙. 딱 5개만 하면 누구든지 성공할 수 있다. 하루 15분 투자로 성장하는 법. 매월 수천만 원을 버는 방법. 멘탈 과외. 간절히 원했기에 성공할 수 있다. 스스로를 과대평가할 것. 퀄리티 좋은 에너지를 이용할 것. FBI가 실제 사용하는 마인드 셋 방법. 평행우주 속 수많은 나. 각성 최면 상태. 망상 활성화 체계를 꺼라. 원하는 것을 이룰 때까지 스스로를 속여라, 연소

득 2억 이상 사람들이 의식적으로 쓰는 방법. 당신은 동시에 존재한다. 30억 독서법. 흙수저였던 억만장자의 조언. 3만 배 더 강력한 힘을 이용하라. 성공 확언. 평균의 삶 탈출 방법. 수십 년간 수천만 명 이상의 인생을 격변시킨 진짜 부자 되는 법."

　도대체 이것들이 무엇일까? 이성적으로 생각해 보면 이 이야기들이 말이 되기는 하는 걸까? 앞서도 언급한 바 있는 수많은 조언과 간증들, 증명할 수도 없고, 스스로 증명할 생각도 없는 허황되기만 한 이야기들. 그러니까 한 마디로, '말이 안 되는' 이야기들을 또다시 마주한다. 결국 물질적 부와 권력을 얻기 위한 몸부림들. 다른 누군가를 밀치고 어떻게든 조금의 땅이라도 더 얻기 위한 발악의 몸짓. 우리는 이 이야기들을 우리가 품은 '탐욕'의 관점에서 다시 한 번 살펴보아야 한다.

　물론 나는 자기계발서가 우리가 가진 모든 탐욕의 원인

이라고는 생각하지 않는다. 아니, 오히려 자기계발서는 우리의 탐욕을 충족시키기 위한 수단일 뿐이라고 생각하는 편이다. 그러니 그 결과는 본질적으로 자기계발서를 선택한 이가 스스로 만들어낸 결과물일 테고. 앞서 이야기한 바와 같이, 자기계발서가 품고 있는 긍정적 측면도 분명히 존재할 것이다. 누군가는 자기계발서를 읽고 그 메시지에 휘둘리는 것이 아니라, 더 나은 방향으로 스스로를 끌어 나가고 있을 수도 있다. 그들은 분명 자기계발서에 이용당하지 않고, 자기계발서를 이용하는 법을 알고 있을지도 모른다. 그런 이들의 사례를 보고나면 누군가는 내가 나의 경험만을 바탕으로 자기계발서에 적대적 감정을 품고 있다고 이야기할 수도 있겠다. 또 자기계발서를 향해 지나친 누명을 씌우고, 일반화한다며 비판할 수도 있겠고.

하지만 내가 여기서 지적하고자 하는 것은, 이런 개인의 문제에서 더 나아간다. 자기계발서는 다른 사람과 '같아지려는' 우리의 욕구를 교묘하게 이용한다. 예를 들어,

부자가 되고 싶다는 목표를 달성하기 위해서 남들과 '똑같은' 과정과 고난을 겪어야 한다는 자기계발서의 주장이 과연 얼마나 현실성이 있을까? 누구나 '똑같은' 권력을 얻을 수 있다고 주장하는 자기계발서의 확언이 과연 사실이기는 할까? 그런데도 우리는 자기계발서를 읽어보며 생각한다. 이렇게 자기계발서의 가르침을 따르다 보면, 언젠가는 자기계발서 속 성공한 사람들과 같이 부자가 될 수 있을 것이라고.

지금 나는, 우리가 부유해질 수 없다는 패배주의를 이야기하자는 것이 아니다. 다만 우리가 자기계발서에 아무 생각 없이 복종하고 있다는 것을 지적할 따름이다. '복종은 다른 사람의 의지에 굴복하는 것을 말한다. 다시 말해 다른 사람의 힘에 지배를 받는 것이다.'(아르노 그륀, 복종에 반대한다, 더숲, 13pg)라는 아르노 그륀의 통찰을 여기서 공유하는 것이 적절하겠다. 우리가 자기계발서와 동등한 목표를 갖는다고 생각하는 것이, 사실은 자기계발서에 대한 복종의 증명이 아닐까? 그리고 그 불안을 해소하는 것이, 우리가 자기계발서를 읽고 다른 누군가와 동등해지려는 이유가 아닐까? 우리는 과연 자기계발서와 같은 꿈을 꾸어야만 할까? 자기계발서가 강요하는 꿈이 진정 당신의 꿈이기는 한 걸까? 우리는 복종에 중독된 것 아닐까? 남과의 비교, 뒤처진다는 불안에 시달리며 다른 이들이 뛰어가는 길로 마냥 뛰려고 애쓰는 것은 아닐까?

자유를 버리면 복종이 올 테니

───

‘자유에 대한 타고난 갈망 외에 복종에 대한 본능적인 원망(원하고 바람)도 존재하지 않을까? 그것이 존재하지 않는다면, 오늘날 그렇게 많은 사람들이 지도자에게 복종하는 데 그렇게 강력한 매력을 느끼는 이유를 어떻게 설명할 수 있는가? (……) 복종에는 숨겨진 만족감이 존재하는가, 그렇다면 그 본질은 무엇인가?’(에리히 프롬, 자유로부터의 도피, 휴머니스트, 23pg)

인간의 피비린내 나는 역사 속, 목숨을 걸고 얻어낸 자유를 생각한다. 그리고 그 자유를 다시금 기꺼이 타인에게 헌납하는 일의 무력함을 목격한다. 복종하는 것에 만족감을 느끼는 탐닉자들에게, 자유란 어떤 의미일까. 어째서 탐닉자는 자신의 자유를 포기한 채, 복종만을 요구하는 자기계발서에 빠져들게 된 것일까? 자기계발서가 약속하는 미래가 그만큼 달콤한 것일까? 원하는 모든 것을 이루어주겠다는 메시지의 저자들, 자신만 따르면 성공할 수 있다고 강변하는 강사들은 물론, 경제적 자유를 주겠다는 인플루언서까지. 우리는 그들에게 비이성적으로 복종하고, 그들의 이야기 한 마디 한 마디에 과도한 의미를 부여한다.

사실 자유야말로 우리가 갖고 있는 권리 중 가장 포기하기 쉬운 것이다. 사회 속에서 살아가는 데에 자유가 없어도 당장 큰 문제가 될 것 같지는 않으니까. 그래, 일단은 그런 것처럼 보인다. 하지만 누군가는 우리가 포기한 자유를 긁어모아 최악의 결과를 만들어내고는 한다.

예를 들어 우리가 포기한 자유를 모으고 모아서, 최악의 인물들이 수천만 명을 죽인 세계대전을 생각해 보자. 그런 끔찍한 전쟁이 불과 수십 년 전에 일어났다는 것은 충분히 경악할 만한 일이다. 당시, 우리가 포기한 자유를 받아 든 누군가는 수십, 수백만 명을 아무런 죄책감 없이 학살했다. 어쩌면 우리는 이와 같은 아픔을 다시는 겪지 않기 위해서, 자유를 되찾기 위한 긴 싸움을 해왔는지도 모르겠다. 그럼에도 우리는, '사회적 불안'이 발생한다면, 기꺼이 자유를 내버리고, 최악의 사람에게 최악의 결정을 맡긴다. 사회 불안을 이유로 집권한 수많은 독재자들에게 복종했던 것처럼. 어쩌면 우리는 이미 복종할 준비가 되어 있는 것은 아닐까. 아니면 인간이란 존재가 원래 그런 동물인 것일까. 우리의 모든 것을 포기한 채로 서서히 죽어가는 나약한 존재 말이다.

인정한다. 사실, 그 대상이 무엇이 되었든, 복종은 생존을 위한 합리적 선택일 수 있다. 자유는 복종보다 다루기 어려운 것이 분명한 사실이니까. 자유로운 인간은 살아가면서 마주해야만 하는 수많은 문제와 변수를 스스로 판단하고, 결정하며, 책임져야만 한다. 자신이 부당하다고 생각하는 일에는 당당히 저항할 수 있을 만한 용기가 필요한 것은 물론이다. 힘들고 고된 일이다. 이럴 바에는 차라리 자신의 자유를 포기하고, 나아갈 길과 방법, 수단을 모두 정해주는 복종에 빠지는 것이 더욱 매력적으로 보일지도 모른다. 비록 그 복종이 자신의 자유를 심각하게 침해하는 결과를 가져온다고 할지라도.

나는 복종의 편에 서보기도 했고, 자유를 되찾기 위해 싸워보기도 했다.

하지만 자유에 대한 글을 쓰고 있는 지금도 자기계발서의 메시지에 복종했을 때 느꼈던 편안함과 안락함을 잊지 못한다. 지금 내가 자칫 논란을 불러일으킬 수 있는 '자기계발서 비판 글'을 서술하기에 더더욱 그러려나. 만약, 내가 자기계발서를 믿고 조용히 살아가기로 했다면, 나는 이 글을 쓰며 이렇게 불안을 느낄 필요도 없었을 테지. 자기계발서를 비판하기 위한 비판만 늘어놓았다는 빈정거림이나, 자기계발서를 제대로 이해하지도 못했다는 일방적 비난. 나아가 나는 패배자에 불과하다는 낙인찍기처럼, 대중으로부터 소외되는 것에 대한 걱정도 할 필요가 없을 것이다.

앞서도 살펴보았지만, 탐닉자들은 자기계발서의 메시지 - 나를 따라 하면 무엇이든 이룰 수 있다 - 에 빠져서, 그 메시지가 옳은지에 대해서 어떠한 의문도 제기하지 않는다. 탐닉자들은 성공을 이루어서 부와 권력을 얻었다는 사람의 사례에 대한 무조건적인 신뢰로 똘똘 뭉쳐있다. 탐닉자들이 그렇게까지 자기계발서에 자신의 삶을 투영하는 이유가 무엇일까? 확언이며, 마인드 셋이며, '이것만 따라 하면 인생이 바뀐다'고 강조하는 신념들을 맹신하는 이유는 과연 무얼까?

하나의 사례를 일반화하는 것이 얼마나 무의미한지 인

정하고 싶지 않아서 그런 걸까? 아니면 내가 자기계발서에서 읽은 메시지가 확증편향과 같은 오류로 가득 차 있다고 차마 고백할 수 없어서 그런 것일까? 그것도 아니면 자유를 내팽개치고 복종을 선택한 자신의 나약함에 부끄러움이 치밀어서일까? 하지만 언제까지? 어디까지? 도대체 어느 순간까지 앞을 향해서 뛰어야만 하는 것일까. 과연 자기계발서에서 약속한 부와 성공은 어디쯤에 있을까? 자기계발서의 저자들이 경험했다는 승리의 순간은 언제쯤 맛볼 수 있는 것일까?

돈을 벌어라. 미친 듯이 독기를 품어라. 미쳐야 성공할 수 있다. 성공만이 최고의 복수다. 보란 듯이 바꿔라. 지옥 같은 삶을 견뎌라. 진짜 노력을 해라. 인생의 어려움을 수용해라. 강해져라. 죽을 각오로 해라. 절실해라. 왜 이것도 못 견디나. 패배자가 되지 마라. 죽을 때까지 뛰어라. 본능을 이겨내라. '동기부여 영상'이라고만 쳐도 쏟아지는 이런 식의 메시지와 표지들. 표지 제목 그 이상의 무엇도 보여주지 못하는 일방적 메시지. 그런 메시지에서 일말의 타당성도 찾을 수 없는 것은 쉽게 동의 가능한 일이다. 억지에 가까운 일방적 주장, 순환논증, 확증편향. 이런 태도가 종교나 전체주의와 무엇이 다른 것일까.

탐욕이 유익한 점을 찾으면

=====

'탐욕에는 유익한 점이라고는 단 하나도 없다. 탐욕은 누구에게도 유익하지 않으며, 누구의 탐욕이건 유익하지 않다.'(지그문트 바우만, 왜 우리는 불평등을 감수하는가?, 동녘, 109pg) 그래서일까, 우리는 탐욕을 경계한다. 지나치게 탐욕을 부리는 사람이 있거든 눈살을 찌푸리고, 욕심쟁이라고 비판하기도 한다. 당연한 일인지도 모르겠다. 애초에 우리는 탐욕이라는 본능을 숨기고, 이성을 바탕으로 사회를 건설하기 위한 '사회 계약'을 맺었으니까. 탐욕은 '만인의 만인에 대한 투쟁'을 불러일으키는 핵심 요인이고, 사회적 갈등의 주요 원인 중 하나다. 그러니 우리는 고대부터 최대한 탐욕을 억제하고, 타인을 배려하라고 배웠고, 가능한 한 그 가르침을 따라왔다. 예를 들어 욕망을 버리고 깨달음을 추구했던 불교나, '그대가 가진 것을 버리고 모든 속박으로부터 그대 자신을 해방하라'(에리히 프롬, 소유냐 삶이냐, 홍신문화사, 70pg)고 이야기한 구약성서의 가르침 등이 대표적 예시라고 할 수 있을 것이다.

　실제로 인류의 태동 단계, 즉 수렵채집을 하던 시기에는 탐욕을 견제하는 가르침이 지켜졌던 것으로 보인다. 우리는 원시 상태의 인간이 자연환경에 더 잘 적응한 채 살아가고 있었으리라고 추정하고 있다. 그 예로 유발 하라리의 『사피엔스』에서는 수렵채집인이 채집하는 데 걸리는 시간은 하루 3~6시간에 불과하다(유발 하라리, 사피엔스, 김영사, 84p)고 파악한다. 그뿐만이 아니다. 그들은 갈등도 적고(물론 이견도 있다. 아자 가트는 저서 『문명과 전쟁』에서 인류 초기에도 전쟁과 갈등이 계속되었으리라는 연구 결과를 제시한다), 구속받지 않는 삶을 살았고, 자유로우면서도 평등하게 시간을 보낼 수 있었다고 추정하고 있다.

하지만 인구수가 폭발적으로 늘어나고, 사회 집단이 확대되며, 계급과 계층이 발생한다. 그 순간부터 탐욕에 대한 인간의 본능이 되살아나기 시작했던 것은 우연이 아니다. 계층사회에서는 부와 권력을 많이 가질수록 힘(지배권력)을 발휘할 수 있었으니까. 그 결과 사유물이라는 개념이 생겨났고, 인간은 가능한 한 많은 사유물을 얻기 위해 투쟁에 나선다. 사유(private)의 어원이 라틴어 빼앗다(privare)에 뿌리내리고 있다는 사실(에리히 프롬, 소유냐 삶이냐, 홍신문화사, 93pg)은 특기할 만한데, 탐욕을 갖는 것이 곧 생존이라는 문명의 본질을 잘 나타내 주기 때문이다. 탐욕 사회에서 무언가를 빼앗기는 것은 곧 나의 계층과 계급으로부터의 박탈과 동의어일 수밖에 없다. 그렇기에 우리는 최선을 다해 탐욕을 부릴 것을 강요받는지도 모를 일이다.

물론 개개인의 가치관에 따라서 탐욕에 대한 나의 해석을 다음과 같이 비판할 수도 있겠다. 예를 들어 '사람이라면 누구나 탐욕을 가지고 있다. 그러니 탐욕을 추구하는 것은 결코 잘못된 일이 아니다. 배가 고프면 밥을 먹는 것에 가치평가가 들어갈 수는 없다. 오히려 우리의 탐욕이야말로 지금의 문명을 만든 인간만의 능력인데, 그것을 부인하는 것은 지나치게 이율배반적이다'와 같이.

맞다. 충분히 일리 있는 지적으로, 부인할 수 없는 사실이다. 인간의 탐욕은 모든 문명과 역사의 토대다. 사회, 경제, 역사, 문화. 요컨대 모든 문명의 기초에는 탐욕이 깊게 자리를 잡고 있기도 하다. 하지만 내가 이 장에서 지적하고자 하는 것은 저 비판과 조금 차이가 있다. 나는 우리의 탐욕이 어디에서부터 '유래' 되었느냐는 질문을 던지려는 것이니까. 지금까지 역사와 문명을 통틀어 탐욕은 지극히 개인적 성향이었다. 탐욕은 개인의 '안'에서 발현되는 본능이었지, 누군가로부터 '주어지는' 것일 리도 없다. 그렇기에 사회는 법, 규칙, 제도 등을 만들어 개인의 탐욕을 적절하게 제어하고, 탐욕이 보다 생산적으로 쓰일 수 있도록 규제하며 관리해 왔다. 하지만 누군가가 탐욕을 갖는 것만이 '옳은 일이다'라고 주장하며, 우리가 갖고 있는 탐욕을 끊임없이 자극한다면 어떨까? 탐욕이 악덕에서 미덕이 되고, 숨겨야 할 것에서 자랑해야 하는 것이 된다면? 그리고 그 탐욕을 위해 타인의 소중한 것을 빼앗는 행위(privare)도 마다하지 않는다면?

탐욕의 일상화.

어쩌면 그렇기에 우리는 과기보다 더 잔인한 생존경쟁 속에서 살아가고 있는지도 모르겠다. 단 한 걸음도 물러서지 않고, 어느 하나도 양보하지 않는다. 이미 패배가 사치가 되어버린 지 오래다. 성공을 걸고 맞닥뜨리는 경쟁. 이 경쟁에서 밀리는 것은 죽음을 의미한다. 그것도 생명의 종말로서의 죽음이 아니라, 사회적인 죽음. 사회로부터의 배제라는 더욱 가혹한 형벌을 받게 되는 죽음 말이다. 결국 우리는 사회적인 죽음의 위기 속에서 살아남기 위해서 할 수 있는 모든 것을 해야만 한다. 하루에 몇 시간을 글을 쓰고 책을 읽든, 자기계발서를 읽고 필사를 하든, 자신이 원하는 것을 끌어당기기 위해서 명상을 하면서 마음을 가다듬든, 새벽 4시 30분에 일어나서 하루를 시작하든, 선망하는 자기계발 강사의 강의를 들으러 수많은 시간을 들여 강연장을 가든, 경제적 자유를 목청껏 부르짖든, 수단은 상관없다. 성공만 하면 된다. 물론 그와 같은 노력이 자기계발서에서 말하는 '성공'을 가져다 줄 수 있을지는 묻지 않는다. 어쩌면 자기계발 마케팅의 희생자가 된 것뿐일 수도 있겠지만, 그것 또한 중요하지 않다고 생각한다. 우리는 지금 탐욕으로부터 스스로를 보호하기 위해 '무언가'를 하고 있다는 데서 오는 편안함을 찾아 헤맬 뿐이니까.

자기계발서에서 비롯된 탐욕은 인간의 본능적 탐욕과는

결이 조금 다르다. 자기계발서는 인간의 탐욕만이 '옳다고' 주장한다. 우리는 사람이기에 탐욕을 갖는 것이 당연하다고 이야기하기도 한다. 하지만 자기계발서는 이 당연한 진술에서 한 걸음 더 나아간다. 탐욕의 존재 너머, 탐욕을 제외한 다른 가치들은 전혀 고려하지 않는다. 자기계발서는 늘 탐욕을 성공과 연결 짓는다. 그러니 돈이 많은 사람의 행동만이 옳은 것이고, 높은 지위에 있는 권력자의 말만이 진리라고 외친다. 성공한 사람만을 좇아 성공의 비법을 배우고자 하는 경향은 더욱 짙어지고, 일상이 된다. 자기계발서에 소개된 성공한 사람들이 어떻게 성공한 것인지와 같은 당연한 질문도 하지 않는다. 그저 일관된 논조로 사람들의 탐욕을 있는 힘껏 자극할 뿐이다. 그리고 속삭인다. 당신도 할 수 있다고, 당신도 탐욕을 이룰 수 있다고. 마땅히, 그래야만 한다고.

탐욕 그 자체를 비판하고 싶은 생각은 없다. 탐욕은 본능이고, 우리의 안에 내재한 특성일 수밖에 없는 탓이다. 탐욕을 갖거나 안 갖는 것, 혹은 탐욕을 얼마나 추구하는지에 대한 것은 모두 개인의 성향과 가치관의 문제다. 다만 우리가 지적해야 하는 점은, 자기계발서가 불러일으키는 탐욕이다. 다시 말하지만 탐욕은 '내재된' 특성이다. 하지만 자기계발서가 판을 치는 세상에서 탐욕은, 외부로부터 '주어지는' 하나의 요건이 된다. 예를 들어 동기를 부여한다는 자기계발서는 탐욕을 자극하는 대표적 매체다. 동기부여라는 이름으로 개개인의 성향과 가치관은 무시된다. 오로지 탐욕을 갖는 것만이 옳은 일이며, 탐욕을 갖지 않는 것은 패배자의 나태함과 다르지 않다고 강조한다.

자기계발서를 신뢰한 수많은 사람, 특히 탐닉자를 중심으로 탐욕을 가져야 한다는 자기계발서의 주장은 들불처럼 퍼져나갔다. 성공학과 끌어당김의 법칙, 자기계발 인플루언서 등 자기계발의 주체는 시간과 시대를 넘나들며 감출 수 없는 탐욕을 자극했다. 이들의 주장은 독설 혹은 동기부여라는 이름으로 정당화된다. 탐욕을 따라야만 성공할 수 있다고 이야기한다. 인류 역사상 가장 문명이 발달한 지금, 다른 무엇보다 본능에 가까운 탐욕을 추종하는 아이러니가 펼쳐지는 것이다.

책의 첫 장부터 마지막 장까지 탐욕에 대한 찬양으로 뒤덮여 있어서일까. 우리가 자기계발서를 읽고 배울 수 있는 가치를 이야기할 때, 사랑, 나눔, 배려, 윤리, 도덕, 사회적 책무와 같은 단어를 찾아보는 것은 꽤 어려운 일이다. 자기계발서는 오로지 탐욕만을 이야기하고, 탐욕에 대한 추구는 어떠한 경우에서든 타협이 불가능하다. 그 외의 가치들은 자기계발서의 논지를 전개하는 데에 전혀 쓸모가 없기 때문이다. 자기계발서의 주장은 꽤 간단하다. '탐욕을 갖고, 성공한 뒤에 도덕을 따져도 늦지 않는다'라는 것이다. 사랑, 윤리, 도덕 따위의 사회적인 가치들은 오로지 승자의 '아량'이어야지, 우리가 사회에서 '성공'하는 데 필요한 요건이 될 수 없다고 주장한다.

자기계발서의 세계관은 성공 아니면 패배로 양분되어 있기 때문에, 오직 성공한 사람만이 옳고, 그가 만들어가는 세계가 진리라고 이야기한다. 그러니 만약 윤리와 도덕을 지키고, 다른 사람들과 나누며, 사회적 책무를 지고 싶거든, 먼저 자기계발서에 제시된 방법을 통해서 성공하여야만 한다. 아량이나 베풂도 승리가 전제되지 않으면 괜한 오지랖이자 위선일 뿐이다. 성공보다 중요한 가치는 없고, 그 성공을 위해서는 오직 탐욕만이 필요하다고 이야기하는 것처럼 보인다.

탐욕을 이루고 세상에서 살아남기 위해서 사회적인 가치도 져버리는데, 자기계발서의 메시지를 향한 복종쯤이야. 보통 자기계발서는 형체가 없고, 그 메시지도 허황되기 마련이다. 그럼에도 그 메시지를 믿으면 나의 탐욕이 이루어질 것 같다고 확신한 순간, 탐닉자들, 아니 수많은 '우리들'은 기꺼이 자기계발서를 바라보며 복종하기를 선택한다.

사실, 지금 우리가 그렇다

===========

'카포(Kapo)'는 나치 독일의 수용소에 강제로 갇혀 있어야 했던 희생자들을 감시, 통제한 '수감자'를 지칭하는 말이다. 표현 그대로 카포는 다른 희생자들과 똑같이 수감자 신세였다. 하지만 그들은 나치 독일을 위해 부역했고, 그 대가로 좋은 처우를 보장받았다. 카포들은 그 작은 특별대우를 지켜내기 위해서 다른 수감자들을 무서울 정도로 악랄하고, 잔인하게 통제했다. 그렇다 보니 나치의 패망 후 수

용소에서 구조된 이들은, 일상생활에서만큼은 나치 독일군보다 카포가 더 두려웠다고 고백하고는 했다.

이런 현상은 나치 독일 치하에서만 발생했던 문제가 아니었다. 예를 들어 일제강점기에도 일본인 순사나 헌병보다 더 무섭고 악랄했던 것은 일제에 부역하던 친일 세력들이었다는 증언도 많이 찾아볼 수 있다. 어째서일까? 어째서 그들은 권위에 철저히 복종한 채 심지어는 같은 민족을 그렇게 무자비하게 대했던 것일까? 단순히 충성의 대가로 주어졌던 그 몇 안 되는 이익 때문이었을까? 아니면 그들이 자유를 포기하고 자발적으로 권위에 복종하게 했던, 무언가 더 큰 요인이 있었던 것일까? 오직 탐욕으로 그 현상을 설명할 수 있을까?

자유를 버리고 복종을 선택하여 탐욕을 추구한 수많은 이들을 생각한다. 특히 절대적 권력과의 연대를 추구한 이들의 선택은 우리에게도 많은 고민을 남긴다. 그들이 보여준 행동의 의미는 단순하다. 그들은 어떤 행동을 할 때 스스로 생각하지도, 결정하지도, 책임지지도 않았다는 것이다. 사실 어쩌면, 생각과 결정과 책임으로부터의 도피야말로 우리가 자유를 포기해서 얻을 수 있는 가장 달콤한 대가인지도 모르겠다. 주어지는 일만 최선을 다해서 행하고, 그 행동에 어떠한 판단도 더하지 않는 것. 자유를 포기한 이들은 그렇게 자신들이 동경하는 더 큰 힘의 일부를 얻었다고 확신한다. 이것 역시 일종의 연대다.

자유를 포기한 채 복종을 추구했던 이들은 확신했었던 것 같다. 자신이 권력자에게 충성하면 그에 상응하는 적당한 권력과 지위, 그리고 다른 사람들과 함께 동일한 대상에게 복종한다는 데서 얻을 수 있는 아늑한 연대 의식을 느낄 수 있게 된다고. 또한 아무런 생각을 하지 않아도 되는 단순한 삶을 누릴 수 있다고. 자신이 받들어야 할 권위자는 자유를 포기한 나를 대신해 판단해 줄 것이고, 지침을 줄 것이며, 결정을 해 주는 것은 물론. 나의 행동이 옳고 그른지를 가려주게 될 것이다. 그러니 자신은 그저 단순하고 빠르게 권위자를 위한 업무를 처리하면 될 일이다. 또한 그와 같은 이유로 자신이 하는 행위는 결코 '죄'일 수 없으며, 당연한 일 혹은 누군가는 해야 하는 일에 불과하다고 간주했을 것이다. 그렇게, 탐욕에만 집중했던 수많은 괴물이 탄생한다.

트레블링카 절멸수용소의 소장이었던 프란츠 슈탕글은 이런 인터뷰를 남겼다고 한다. "전 제가 한 행동이 부끄럽지 않습니다. 전 의도적으로 누군가를 해치려고 한 적이 없어요. 하지만⋯⋯. 저는 그곳에 있었지요." 또한, 반인륜적 범죄의 수장 아돌프 아이히만은 전범재판소에서 자신을 변호하며 이렇게 이야기했다. "상급자의 지시에 (⋯⋯) 성실히 임무를 수행했을 뿐." 참고로 프란츠 슈탕글과 아돌프 아이히만은 1971년 심장마비로 사망하기 전과, 전범으로 사형 집행이 이루어지기 전까지 자기 잘못을 반성하지 않았다. 아이히만의 유언은 다음과 같았다고 전해진다. "나는 전쟁 규칙과 정부 명령에 따랐을 뿐이다."

물론 오해는 하지 말아주시기를 바란다. 내가 나치 독일
에 부역했던 범죄자 카포와 일제에 부역하기 위해 최선을
다했던 친일 세력들, 그리고 결코 용서받아서는 안 될 프란
츠 슈탕글이나 아돌프 아이히만의 예시를 든 것은, 그들을
변호하기 위한 목적이 아니다. 그들은 역사의 죄인이자 전
범이고, 그들의 비겁하고 더러운 삶은 인류의 역사가 이어
지는 한 끝까지 기억되어야만 한다. 그 비겁한 이들이 저지
른 비극이 다시는 이 땅 위에서 벌어지지 못하도록 하기 위
해서라도. 그리고 실제 우리 문명사회의 일원들은 "명령이
잘못되고 불법적인 경우에는, 명령을 마지못해 따른 것 또
한 불법적인 행위로 성립된다."라는 명제로, 아이히만을 단
죄하고 아이히만이 받아 마땅한 사형 선고를 내렸다. 그의
사형으로 이미 세상을 떠난 수많은 희생자에게 조금이나마
위로가 될 수 있을지는 모르겠지만, 어쨌든 우리는 비인도
적인 전범을 지극히 인간답고 인도적인 방식으로 대할 용

기를 냈다. 그런 면에서, 인간성을 잃지 않은 '우리'가 승자가 된 것이라는 사실을 기억해 내야만 한다.

그럼에도 내가 이 비겁한 영혼들의 이야기를 꺼내 든 것은, 이들의 사례를 통해서 우리 자신을 돌아보기 위함이다. 우리는 우리가 탐욕을 누리기 위해서 일방적 복종을 선택했을 때, 어떤 괴물이 될 수 있는지를 목도해야만 한다. 나아가 인간으로서의 자유를 포기하고, 악한 무리 속에서의 복종을 선택한다면, 우리가 어디까지 악해질 수 있는지를 지적하기 위한 이유도 있다. 그래, 그들의 행동은 분명 지적당해야 옳다. 하지만, 생각해 보자. 만약, 천만분의 일의 가능성이라고 할지라도 우리가 그들과 똑같은 상황에 놓인다면 어떨까? 우리는 그들과 달리 불합리에 대항하고, 권위에 반발하며 인간의 인권과 자유를 위해 살아갈 수 있을까? 탐욕을 경계하고 복종에 대항하며 위험을 무릅쓰고 정의를 위해 싸워나갈 수 있을까?

물론 프란츠 슈탕글이나, 아돌프 아이히만처럼 비겁한 인물들의 사례만으로 이야기를 채워가려는 것은 아니다. 그런 사례는 일반화하기가 무척 어렵다는 단점도 있을 수 있다. 그렇다면 다른 사례를 찾아 빈틈을 메워보기로 한다. 권력과 힘에 굴복하고, 사회에서 고립되지 않기 위해 자기 생각을 바꾸는 사례는 너무나 많고, 쉽게 찾아볼 수 있다. 예를 들어 심리학 개론 교과서에 나와 있는 실험들이 그러하다. 권위자의 명령에 따라 무고한 사람에게 전기충격을 가했다는 스탠리 밀그램의 '복종 실험'도, 간수와 죄수의 역할만 부여했을 뿐인데도 각자의 역할에 너무 몰입해 간수 역할을 맡은 이들은 폭력적으로 바뀌었으며, 수용자 역할을 맡은 이들은 위축된 모습을 보인 '스탠퍼드 감옥 실험'도, 뻔한 답인데도 다른 사람의 의견과 동조해 전혀 엉뚱한 답을 내놓았던 애쉬의 '순응 실험'도 같은 맥락이다. 권위에 동조하게 되는 인간의 심리적 경향을 잘 보여준 예시라 할 수 있다(물론 여기에서 제시된 실험들에는 실험 과정상 문제가 있거나 변수 처리에 오류가 의심되는 등 실험 운영상의 오류가 있다는 지적도 있다. 그럼에도 대체로 실험의 오류는 무시된 채 심리학 개론 교과서 등에 개재되어 있다).

자기계발서의 저자는 자신의 책 안에 독자를 성공으로 이끌어 줄 권위와 힘이 있다고 주장한다. 자기계발서의 주장은 간단하다. 옳고 그름, 바람직한 것과 바람직하지 않은 것의 판단은 자기계발서가 해주겠다고, 그러니 당신은 어떤 식으로든 '생각'하지 말고 그저 자기계발서가 말해준 바대로 성공을 위한 '위대한 한 걸음'을 내디뎌 보라고. 이와 같은 주장을 현실화하기 위해서 자기계발서는 책의 권위를 한껏 끌어올리는 데 집중한다. 저자의 이력이든, 인용되어 있는 사람들의 이력이든, 각종 심리학 실험 결과든 상관없다. 자기계발서를 저술하는 데 필요한 것은 바로 탐닉자들이 쉽게 반박하지 못할 예시일 뿐이다. 그 권위를 얼마나 보기 좋게 포장해서 설명하는지가 자기계발서의 성패를 가르는 기준이 된다.

권위에 대항해 자신의 이성과 자유를 지켜내려면 용기가 필요하다. 하지만 그 용기를 내기란 참 어렵다. 눈에 보이지 않고, 계량화할 수도 없으며, 무엇보다 자신의 행동에 대해 책임을 져야 하는 두려움 때문이다. 그러니 자유를 지키기 위해서 용기를 낼 필요가 뭐가 있을까? 차라리 성공을 꿈꾸고 탐욕에 빠진 채 권위에 복종하는 것이 더 편할 텐데. 그렇게 복종만 한다면 성공을 안겨주겠다는 달콤한 약속이 기다리고 있을 테고.

그러나, 그럼에도 불구하고.

에리히 프롬은 자신의 저서 『불복종에 관하여』에서 아이히만을 '조직인(Organization man)의 상징'(에리히 프롬, 불복종에 관하여, 마농지, 20pg)으로 규정하였다. 그에 이어 에리히 프롬은 그와 같은 조직인은 불복종의 역량조차 잃은 사람들이라고 설명한다. 만약 그가 같은 상황에 다시 처한다면 분명히 그것과 같은 일을 저지를 것이라고 씁쓸함을 담아 이야기하면서. 하지만 에리히 프롬이 궁극적으로 말하고자 했던 바는 아이히만에 한정되지 않았던 것 같다. 그는, 아이히만에서 시선을 돌려 우리 모두를 바라보았다. 그리고 담담히 이런 이야기를 한다.

'우리도 그럴 것이다. 사실, 지금 우리가 그렇다.'(에리히 프롬, 불복종에 관하여, 마농지, 20pg)

5

BELIEVE

끝내, 우리의 자유를 외치며

귀납적 자기계발서로부터의 자유

자기계발서와 자기계발 문화를 비판하자면, 내가 염세주의자 아니냐는 반박을 들을 때가 종종 있다. 나는 정말 염세주의자일까? 그래서 자기계발서의 메시지에 대해 반대를 위한 반대를 하는 것일까? 자기계발에 대한 끈질긴 비판 혹은 절대적 옹호. 사실, 이와 같은 이분법적 접근은 우리 논의에서 지양되어야만 한다. 우리는 지금까지 자기계발서에 대해 논의하며 우리의 삶은 성공 혹은 패배라는 이분법으로 나뉠 수 없다는 것을 확인해왔다. 다만, 나는 우리가 자기계발서에 우리의 자유를 헌납한 이유를 묻고 있을 뿐이다. 그러니 지금 나의 이야기는 자기계발서가 아니라, 우리를 지배하고 있는 '권위'를 비판한다는 사실이 더 정확한 것일지도 모른다. 나는 내 삶의 동력이 이성과 자유가 아니라 자기계발서가 되는 순간을 이야기한다. 그 때에 이르러 자기계발서는 우리의 자발적 복종을 먹고 자라는 괴물이 될 수밖에 없다.

자기계발서를 읽고 난 후 알 수 없는 우월감에 빠지기는 쉽다. 나 또한 그랬으니까. 일단 자기계발서에 빠져들기 시작하면, 자신도 자기계발서 속 성공한 사람처럼 무언가를 성취하고, 정복할 수 있겠다는 근거 없는 확신을 갖게 된다. 아니, 솔직하게 이야기하면 무언가를 '해냈다'라고 생각하게 된다. 그런데 그 사고방식이 과연 옳은 것일까? 지나치게 비대화되어 있는 유아기적 사고방식은 아닐까? 근거 없는 확신이라는 거대한 장벽을 쌓아둔 채, 장벽 밖에 거주하는 이들을 - 자기계발서의 메시지를 따르지 않는 이들 - 의지도, 열정도, 패기도 없는 '패배자'일 뿐이라고 섣불리 생각하고 있는 것은 아닐까?

물론 내가 비판하고자 하는 대상은 자기계발서에 미친 사회, 그러니까 성공에 대한 갈망과 패배에 대한 두려움을 마케팅에 활용해서, 평범한 사람들에게까지 자기계발서를 팔고 있는 시장과 사회이지, 그 메시지를 따라 성공하기 위해서 애쓰고 있는 우리들 한 명 한 명이 아니다. 나는 자기계발서를 읽지 않을 수 없게 몰아붙이는 사회를 비판한다. 자기계발서의 표현대로 '미치지 않고서는' 살아남지 못하는 사회가 바뀌어야 한다고 이야기한다. 요컨대, 나의 비판은 개인이 아닌 사회를 향한다. 그런 만큼, 삶에 변화를 원하는 사람들이 자기계발서를 읽고 스스로가 이전보다 '나아진' 것을 느낄 수 있다면, 없던 열정이 생기고, 다른 사람의 실패 경험에서 배울 수 있다면, 더 나아가 그 경험과 통찰을 토대로 삶을 그려나갈 수 있다면, 잘된 일이다! 무언가 긍정적인 변화를 끌어내었다면 계속 그렇게 나아가면 된다.

하지만, 우리가 그와 같은 개개인의 성공담을 다른 이에게, 나아가 사회 전체에 '일반화'할 수는 없는 일이라는 것 또한 자명하다.

1) 어느 조류학자가 '까마귀는 모두 검다'라는 논문을 쓰기 위해 까마귀를 수년 동안 관찰했다. 1마리의 까마귀를 관찰한다. 물론 까마귀니까 검은색이겠다. 당연한 일인지도 모른다. 1,000마리의 까마귀를 관찰한다. 모두 검은색이다. 자, 이제 까마귀는 모두 검은색인 것이 귀납적으로 증명이 된 것 같으니 즐거운 마음으로 까마귀는 검다는 것에 대한 논문을 쓰러 간다. 그렇게 연구실로 가던 중 처음 보는 하얀색 새를 발견했는데 맙소사. 하얀 까마귀였다! 이 땅에서만 존재하는 신종 까마귀 말이다! 지금 이 불쌍한 조류학자가 발견한 저 한 마리의 하얀 까마귀로, 수년 동안

해 온 연구가 물거품이 되어버리고 말았다. - 흑조 이론 -

2) 칠면조가(원래 예시에서는 닭이지만) 한 마리 있다. 주인은 칠면조에게 매일 먹이를 가져다주었다. 1월 1일, 2일, 1달, 2달, 이제 칠면조는 매일 아침 먹이통에 먹이가 있으리라는 것을 의심하지 않는다. 12월 24일, 칠면조는 여느 때와 같이 먹이통으로 향한다. 그런데 왜일까, 먹이통이 비어 있다. 그리고 갑자기 도끼가 칠면조의 머리를 내리치고, 우리의 불쌍한 칠면조는 그렇게 크리스마스 만찬의 재료가 되어버린다. 다시 말해, 칠면조는 내일 있을 일을 알아차리지 못했던 것이다. - 러셀의 칠면조 -

자기계발서라는 권위를 비판하는 이야기를 써 내려갈 때면, 탐닉자들 중 누군가는 이런 반박을 할 수 있을 것이다. "이렇게 글을 쓰고 있는 당신도 결국은 자기계발서를 읽고, 그 아이디어에 빠져, 자기계발서의 주장을 일반화하고 있던 탐닉자이지 않았느냐"라고. 예리한 반박이다. 그리고 그런 반박을 듣는다면, 나는 사실 할 말이 없다. 맞다. 나 또한 다른 탐닉자들과 마찬가지로 자기계발서를 읽었다. 읽고 또 읽었다. 그것도 너무 많이, 너무 자주, 또 너무 깊이 읽어서 도저히 빠져나올 수가 없었다. 다시 말해서 나는 자기계발서를 읽고 자기계발서에 지나치게 의존했었다.

그러니 다른 탐닉자들은 지금 내가 자기계발서를 비판하고 있는 이유를, 못 먹는 포도를 보고서 저 포도는 신맛일 것으로 생각했다는 여우의 심보와 같다고 생각하고 있을지도 모르겠다. 하지만 과연 이와 같은 비판이 합리적일까? 나는 자기계발서를 읽고 나 자신을 바꾸는 데 실패한 가련한 패배자일 뿐인 걸까?

그렇다면 이렇게 생각을 해 보자. 자기계발서는 언제나 '귀납적'인 증거를 내밀어 자신의 주장을 정당화한다. 자기계발서가 이용하는 귀납의 논리는 간단하다. 자기계발서에 예시로 등장한 이 사람도 성공했고, 저 사람도 성공했고, 심지어 자기계발서의 저자인 '나' 또한 성공했는데, 독자인 당신은 왜 못하느냐고 윽박지르는 식이다. 모두가 했는데 나만 못했다면 그것은 바로 당신의 탓이자, 당신이 실패자인 이유일 것이고, 자기계발서와 그 책의 저자인 '나'에게는 어떠한 문제도 없다는 것. 그러니 결국 당신의 실패도 당신의 탓이 될 수밖에 없는 것이다. 특히 자기계발서의 탐닉자들은 이런 논리로 자기계발서를 옹호하고는 한다. '모두'가 했다는 섣부른 일반화에 휘둘리는 셈이다.

하지만, 우리는 귀납법의 제1원칙을 잊으면 안 된다. 귀납법은 언제나 단 하나의 반례로 무너지고 만다는 사실 말이다. 내가 이 장의 서두에서 제시한 하얀 까마귀의 사례를 예로 들어보자면, 하얀 까마귀 단 한 마리로 '모든 까마귀는 검은색이다'라는 귀납적 명제가 산산이 깨어지고 말았다. 불쌍하게 목이 잘린 칠면조의 사례도 마찬가지다. 매일 먹이를 주다가 어느 순간 그 루틴이 깨어지고 목이 잘렸다는 사실은, 칠면조가 살아가고 있는 모든 규칙이 한 번에 깨어지는 순간이다. 즉, 이는 칠면조의 삶을 지탱해 오던 모든 귀납적 법칙이 처참하게 무너지게 된 사건이기도 하다.

반례 한 번에 무너질 귀납적 사례들이라면, 우리가 그것에 '법칙'이라는 이름을 붙일 수 있을까? 또 내가 자기계발서를 읽었음에도 나 자신을 바꾸는 데 실패했다면, 그 실패의 원인이 나에게 있는 것일까? 우리의 시선은 언제나 성공한 사람만을 바라보고, 그 누구도 실패한 사람의 이야기를 들으려 하지 않는다. 마찬가지, 우리는 자기계발서를 읽고 성공했다고 주장하는 사람의 이야기만을 믿을 뿐, 그렇지 않은 패배자 - 그러니까, 나 같은 - 에게 주목하지 않는다. 그러니 우리는 '모두'라는 단어가 갖고 있는 폭력성을 생각해 보아야 한다. 이 책의 메시지를 따라하면 모두가 성공할 수 있다는 이야기는 분명 매력적이지만, 동시에 그 또한 귀납법의 사례일 뿐이라는 사실 또한 지적해야 한다. 나는 분명 끌어당겼다. 생생히 꿈을 꾸었고, 수많은 성공 스토리를 읽고 또 읽었다. 그럼에도 패배했다. 이것이 섣부른 귀납법의 적용일까? 그저, 자기계발서를 읽고 성공하는 데 실패한 패배자의 염세적 넋두리에 불과한 것일까?

권위를 무너뜨린 인간만이 자유를 얻으니

권위를 무너뜨린 인간만이 자유를 얻는다. 선악과를 먹고 에덴이라는 구속의 땅에서 벗어나게 된 아담과 이브처럼. 아버지 다이달로스의 구속에서 벗어나 자유롭게 날아오를 수 있었던 이카로스처럼. 중세 시대를 휘감은 종교의 구속을 깨고 이성의 시대를 활짝 열어젖힌 인류의 역사와 왕의 목을 쳐서 자유라는 가치를 세운 인간의 용기가 그러했던 것처럼. 우리는 매 시대를 건너오며 점차 이성과 자유를 향해 나아갔다. 그랬던 우리가 지금은, 어쩌면 다시 복종의 시대로 회귀할 것을 꿈꾸고 있는지도 모르겠다. 그것도 기꺼이 자신의 의지로. 경쟁에서 이기고 성공해야 한다는 환상에 갇힌 채, 자유로운 개인이 사회적 흐름이라는 폭력적 유행에 다시금 묻혀버리고 마는 것이다.

복종은 유익이 될 수 없다. 철저한 복종을 이야기해 왔던 수많은 종교나 정치철학, 폭력적이고 잔인한 사상과 이념, 공포와 박해가 인류 역사의 수레바퀴를 앞으로 나아가게 했던 적은 없다. 절대적인 복종은 절대적인 부패와 공포, 처벌과 억압, 전쟁과 살육을 불러왔다. 인간의 역사와 문명의 가치를 거꾸로 돌리는 것이다. 사회적 문화 때문에 권력에 복종하던 사람들은 언제나 이유도 모른 채 덜덜 떨며 살아야만 했다. 평범한 사람의 의견은 묵살되고 억압을 일삼는 지도자가 가리키는 방향으로 이리저리 휩쓸린다. 진리는 숨을 죽이고, 진실은 자취를 감춘 시대. 우리는 그 시대를 돌이켜 암흑시대라 부르고 있다. 그리고 이번에는 우리가 자기계발서에 복종하기 시작한다. 기꺼이 자기계발서를 읽고, 복종하고, 따른다. 자기계발서가 강조하는 성공이라는 가치에 자발적으로 복종하기 시작한 지금, 우리는 또 다른 암흑시대로 나아가고 있는지도 모를 일이다.

물론 탐닉자는 이야기한다. 성공을 위해서 스스로 복종하겠다는데 그것을 막을 이유가 있겠느냐고. 성공에 닿기 위한 자발적 복종의 향연이다. 그렇다면 우리는 이런 탐닉자의 주장에 어떠한 반응을 보여야 할까? 이 시대의 유행, 성공. 성공을 추구하지 않는 사람들은 나약한 사람으로 일반화된다. 모든 가치가 성공으로 일원화된다. 다른 가치를 찾아보자는 목소리는 무시되고, 오로지 성공만을 위한 투쟁이 이어진다. 그리고 자기계발서는 그 투쟁의 바이블이다. 시대에 따라 변화하며 또 시대를 변화시켜 오며, 수많은 자기계발서가 나타났고, 사람들은 열광했다. 성공의 비밀이 담겨 있다는 자기계발서는 개개인의 의견은 무시하고, 오로지 자신의 방법만이 성공을 가져다준다고 강조한다. 성공을 갈구하지 않으면 비정상이 되는 세태. 존 스튜어트 밀은 자신의 저서에서 이렇게 강조한다. '그런데 왜 오직 다수가 선호하는 취향과 생활방식만이 용납되고, 다수에 속하지 않은 사람들은 다수의 취향과 생활방식을 따라 살아가도록 강요당해야 하는 것인가?'(존 스튜어트 밀, 자유론, 현대지성, 159pg)

물론 그렇다고 - 앞서 말한 것과 같이 - 내가 자기계발서를 읽는 독자와 자기계발 메시지에 빠져있는 탐닉자를 '계몽'하겠다는 것과 같이 건방진 생각을 하고 있는 것은 아니다. 나는 그런 허황된 목표를 달성하기 위한 밑그림을 그리지도 않는다. 단지 자기계발서가 시장에서 '팔리기 위해' 저지르고 있는 마케팅 방식에 찬성하지 않는다고 이야기할 뿐이다. 다시 말하지만, 이 책의 존재 목적은 자기계발서 그 자체와 자기계발에 빠져야만 살아남을 수 있다고 흔들림 없이 강조하는 사회를 비판하는 것이다.

자기계발서 혹은 자기계발 동영상과 같은 것에 동조하지 않는다고 해서, 내가 실패한 인생을 살게 되는 것은 아니다. 자기계발서가 추구하는 길이 아니라 다른 길을 걸어간다고 해서 내가 패배자가 되는 것 또한 아니다. 적어도 이 순간의 나에게 자기계발서는 진실도 아닐뿐더러, 유일한 길도 아니다. 나는 지금까지 그걸 배워왔다. 자기계발서를 비판할 때면 보통 '그러면 자기계발서를 따르지 말자는 소리냐, 해보지도 않고 포기하는 나약함을 우리가 왜 참아야 하느냐'와 같은 적대적 반응이 나오는데, 다시 말하지만, 자기계발서의 가치에 의문을 제기한다고 해서 자기계발서를 읽지 않는 모두가 잘못된 것이 아니다. 또 자기계발서에 빠진 모두가 잘못된 길을 걷고 있는 것 또한 아니다. 그건, 그들의 삶일 뿐이다. 그 사실을 인정할 용기를 가질 때, 우리는 다른 누구도 아닌 나 자신으로 살아갈 수 있다.

그리고 나는, 자기계발서의 폐해를 온몸으로 겪어낸 사람으로서, 현재 자기계발서에서 빠져나오기 위해 몸부림치는 이들에게 얇은 구명줄이라도 던져보는 중이다.

부러진 다리를 이끌고 겨우

━━━━━━━━

　우리로서는 운이 없었던 것 또한 사실이다. 모든 것을 소비해야만 하는 소비사회에서, 소비를 위한 '능력'을 - 요컨대, 돈 - 얻기 위해서라도 자기계발서를 따르지 않을 도리가 없을 테니까. 자기계발 문화가 필요 불가결해졌기에, 자기계발서는 어느새 상품으로, 사상으로, 관념이자 정신으로 우리 사회 깊숙이 자리 잡았다. 자기계발서와 같이 자기계발 메시지를 전달하는 매체들은 사회 전체를 자기계발을 위한 도박판으로 만들어 버리고 있다. 억지와 운을 통해 우연히 성공을 거두면, 그 성공이 오로지 자신의 실력인 양 뽐낸다. 물론 당연하게도 실패에는 침묵하겠지만. 성공한 이들의 세상에서 사회에 대한 비판을 한다는 것은, 사회에 적응하지 못한 사람이 내뱉는 나약함의 증거가 될 뿐이다.

강요된 의지를 생각한다.

아픔을 느낄 수 있는 한 그 어떤 생명체도 다리가 부러진 채로 있는 힘껏 달리지 못한다. 이는 누구나 쉽사리 이해할 수 있다. 하지만 자기계발서에 한껏 빠져든 사람은 다르게 생각한다. 그들은 다리가 산산이 부러져도 뛴다. 아니, 뛸 수 있다고 믿는다. 자기계발서는 '의지'와 '패기'만 있으면 얼마든지 가능한 일이라고 주장하니까. 못 뛴다면, 자기계발서에 대한 자신의 믿음이 그만큼 얕은 것이다. 뛰어야 한다. 우리는 다리를 감싸든, 묶든 최선을 다해서 뛰어야만 하는 것이다.

애초에 다리가 부러지지 않은 사람이 뛰면 되지 않느냐고 물을 수 있겠다. 하지만 안타깝게도, 우리 사회는 보다 극적인 것을 선호한다. 자기계발서의 스토리를 따라가다 보면 성공한 사람의 이야기는 언제나 불행에서 시작된다. 극심한 가난, 우울증과 같은 정신질환, 퇴사 등. 애초에 좋은 환경에서 이야기가 시작되었다면 그의 성공담은 많이 팔리지 않는 그저 그런 이야기가 될 것이다. 그러니 만약 다리가 멀쩡하다면, 스스로 다리를 부러뜨린 이후 이 레이스에 참여해야지, 별 다른 수는 없다. 그것이야말로 자기계발서에서 나온 성공담의 통과의례니까. 그 통과의례를 이겨내야지만 '의지', '치열한 정신상태', '엄청난 노력' 등의 표현을 쓸 자격을 가지고 있다고 평가받을 수 있다. 정확한 이유는 알 수 없지만, 다수가 그렇다니 그냥 믿는 수밖에. 그러니 결국, 우리는 경쟁에 치이다 못해 스스로가 더 고통을 받아야 한다고, 그래야만 성공할 수 있다고 생각한다. 무서울 정도로 강박적인 생각에 빠져든 셈이다. 부러진 걸음들의 행진. 고통과 아픔으로 자신의 의지를 증명해야 하는 곳. 그곳이 지금, 이 순간에 우리가 살아가고 있는 세상인 것이다.

'어떻게든' 고통을 이겨낸다는 것. 이는 생각보다 만만한 일이 아니다. 일례로 자기계발서에 종종 등장하고는 하는 우울증을 예로 들어보자. 자기계발 문화가 곳곳에 뻗어 있는 사회에서, 우울증은 '나약함'의 극단에 자리한다. 하면 된다. 할 수 있다. 안 되면 되게 하라 같이 자기계발 문화가 뒤섞여 만들어낸 이 사상은, 불행히도 우울증 '환자'까지 꽤 아프게 짓누른다. 예를 들어 우리에게 우울증은 '살 만해지니 걸리는 병', '게으르고 나약한 사람들의 핑계', '극복할 마음도 먹지 못하는 패배자들', '택배회사 물류센터에 가서 물건 상·하차 아르바이트 4시간만 하면 완치되는 별 것 아닌 증상'으로 표현된다. 왜 우리는 동기부여 같은 허상을 신봉하면서, 과학적으로 증명된 '세로토닌 부족' 등의 요인에 대해서는 눈을 감는 걸까? 왜 우리는 아픔을 겪는 환자에게 이토록 잔인한 것일까? 너만 힘든 게 아니고, 다들

힘드니 유난 떨지 말고 살라고? 미안한 소리지만 네 다리
가 산산이 부러졌다고 해서, 상처 난 내 다리가 아프지 않
은 것은 아닌데.

　자기계발서를 비판하는 나는, 종종 이런 소리를 듣고는
한다. "좋다. 그렇게 '치열하지 않은 방식'으로 살아가고 싶
다면 그렇게 하면 될 것이다. 나는 더 이상 네 삶에 신경 쓰
지 않겠다. 그냥 패배자가 된 것처럼 살아가면 된다." 그래,
알고 있다. 심지어 누구보다 잘 알고 있다. 자기계발서를
따라 아무 생각하지 않고 살면 편하리라는 것을. 주위에서
벌어지는 어떤 것도 신경 쓰지 않은 채 나만을 생각하며 살
아가면, 얼마나 간단하고 좋을까. 나라고 이 치열한 사회
속에서 대중적인 사상에 맞선 문제아가 되고 싶지는 않다.

　그런데, 그렇게 눙치고 넘어가기에는 자기계발 문화로
가득 찬 사회 속에서 살아가는 우리의 삶이 너무나 비참해
져 버렸다. 무한한 의지력을 갖는 것이 당연한 사회에서,

사회가 강조하는 의지력을 보여주지 못하면 패배자가 되어 버린다. 이런 잔인한 문화에서 살아가게 된 우리가, 마땅한 항변도 못 하는 것이 말이 될까? 왜 침묵해야 할까? 여기서 잘못된 것은 과연 누구일까? 이 명백한 사실을 눈앞에 두고, 우리는 도대체 무엇을 망설이고 있는 것일까? 늘 염두에 두어야 한다. 우리가 이 아픔에 저항하기를 포기한다면 언젠가 우리의 진정한 의지는 무시되고 '이렇게 살아'라는 강요된 의지만이 남아 숨 쉬게 된다는 것을. 사회가 '이렇게 살아야 한다'라고 이야기하는 방향을 따라 줄줄이, 부러진 다리를 끌어가며 겨우겨우 살아가게 될 것이라는 사실을.

인간은 자유롭도록 선고받았기에

사르트르는 이야기했다. 인간은 자유롭도록 선고받았다고. 사르트르의 정의에 따르자면, 우리에게 자유는 양가적 상태가 된다. 인간으로서 자유를 선고받았기에 인간만이 자유를 누릴 수 있는 권리를 획득한다. 하지만 그와 동시에 '선고'받은 자유로서, 우리에게 자유는 피할 수도 없고, 외면할 수도 없는 하나의 의무가 된다. 다시 말하면 우리에게 자유는 인간의 권리이자 사명이 되는 셈이다. 우리는 자유를 누린다. 인간이라면 그 누구도 외면해서는 안 되는 인간만의 권리를. 그와 동시에 우리는 자유롭도록 선고받은 존재이기에, 인간의 의무 - 자유를 지켜야 할 - 를 따라야 하고, 자유에 부수되는 책임까지 이어받아야만 하는 역할을 맡게 되는 것이다.

하지만 복종만을 강요하는 자기계발서에 혈안이 되어있는 우리 사회는, 이와 같은 인간의 자유를 인정하지 않는다. 사회가 필요로 하는 것은, 자유의지를 가지고 살아가는 존재가 아니다. 사회에는 사회가 지향하는 방향으로 미친 듯이 뛰어나갈 존재들이 필요할 뿐이다. 개성과 다양성은 배척당한다. 인간의 개성과 같이 이해할 수 없는 변수를 환영하는 사회란 존재하지 않는다. 일치와 단결. 마치 전체주의와 같은 사고방식을 선호하는 사회는, 자연스레 자기계발서에 호의적일 수밖에 없다. 자기계발서는 성공이라는 하나의 목표만을 내걸고 있고, 우리는 사회에 복종하는 한 명의 구성원으로만 기능하게 되는 셈이다.

도대체 우리는 지금 무엇을 하는 것일까? 과연 무엇을 위해서 우리의 소중한 자유를 헌납하고 있는 것일까? 자기계 발서라는 얼토당토않은 종이 뭉치가 안겨주겠다고 '주장하는' 부와 권력을 위해서, 우리는 무엇을 놓치고 있는 것일까? 우리는 어째서 누려 마땅한 우리의 자유를 그렇게 포기해야만 하는 것일까? 우주의 기운이 느껴져서 끌어당김이 가능하다니, 생생히 꿈꾸면 이루어지다니. 이런 유사 과학에 빠져 인간의 자유를 내려놓아야만 하는 것일까? 우리가 수백 년을 피와 땀으로 이루어 놓은 자유를, 복종을 위한 복종을 위해 내놓는 것일까?

'수많은 사람들이 권력의 승리에 깊은 인상을 받았고, 그것을 강함의 표시로 받아들였다.'(에리히 프롬, 자유로부터의 도피, 휴머니스트, 170pg)

앞서 살펴보았듯 인간으로서, 우리는 복종에 관한 무의식적인 갈망을 가지고 있다고 가정해 볼 수 있다. 그것이

수만 년에 걸쳐 쌓아온 인간의 본능이니까. 하지만 만약 그 무의식적 복종이 의식적으로 이루어지기 시작한다면 어떨까. 그 순간부터 인간은 오직 복종을 위해 살아가기 시작한다. 그 순간의 별것 아닌 선택이 우리의 자유를 빼앗는 것이다. 모든 굴종이 그래왔다. 처음에는 짐짓 별것 아닌 듯, 좋은 의도가 있는 듯 자리를 차지한다. 그리고 이내는 감추어 왔던 송곳니를 드러내고는 한다.

자기계발서도 그와 같다. 처음에는 아주 가뿐하게 우리 곁에 온다. "부와 권력을 얻을 수 있는 성공의 비밀을 보여줄 테니 이 책을 열어볼래?"라며. 하지만 그 책이 퍼져나가 사회 전체를 물들일 때쯤, 우리에게 남은 것은 자기계발서의 정신을 '표준'으로 심아 사람들을 구속하고, 복종을 강요하는 역설뿐이다. 삶의 속도는 빨라지고, 모두가 다른 모두를 대상으로 경쟁하며 그 누구도 쉴 수 없는 세상을 만들어내고 있다. 탐욕이 사회 전체를 물들인다. 권력은 승리하고 탐욕은 당연시된다. 자기계발서는 그 틈을 교묘하게 파고들어 어마어마한 판매고를 올려 나간다.

　'내가 제안하는 건 그러므로 아주 간단하다. 우리가 지금 뭘 하는지 생각하라는 것. 그뿐이다.'(사만다 로즈 힐, 한나 아렌트 평전, 혜다, 16pg) 물론 자유롭게 살아간다는 것은 아픈 일이다. 자유를 얻어낸 것처럼, 자유를 지켜내는 데에도 수많은 힘과 고민, 갈등과 노력이 필요하다. '이럴 바에는 자유를 포기하는 게 어떨까? 기껏해야 자기계발서인데. 자기계발서가 추구하는 가치 정도만 인정하고, 딱 그만큼의 자유를 양보하는 것은 어떨까?'라고 생각하는 사람들도 있겠다. 하지만, 모든 것이 그랬다. 하나, 하나, 그 하나가 모여 나의 자유를 빼앗았고 내가 사랑하는 사람을 무너뜨렸으며, 내가 살아가는 사회를 망가뜨렸다. 그것이 자유를 놓은 우리에게 주어지는 벌이다.

　자기계발서는 빠른 사회, 탐욕 사회, 순응 사회를 만들어가고 있다. 그리고 자기계발서에 미친 사회는 우리를 평가하고, 순위를 매기며 구속하고 있다. 우리가 구상한 자기계 발이라는 아이디어가, 역으로 우리를 감시하는 시대. 몇 명의 권력자를 제외하고 모두가 모두의 노예였던 비참한 과거로의 회귀를 눈앞에 두고 있는 것이다.

 너무 과한 가정 아니냐고? 자신이 성공하면 되니까 그런 것쯤 오히려 좋은 일이라고? 아니. 단언컨대 자기계발서에 미쳐있는 이 사회에서 승자는 없을 것이다. 부와 권력을 차지하고 있는 지극히 소수만이 자신이 누리고 있는 것을 효과적으로 지키기 위해 노력할 뿐. 그들은 우리에게 아무것도 나누어 주지 않을 것이다. 우리에게 주어질 것은 겨우 헛된 말 잔치와, 자신은 이런 식으로 성공했으니 성공하고 싶으면 나를 따라하라는 기만, 그리고 자신을 우상화하려는 메시지뿐이다. 어쩌면 그들은 우리의 탐욕을 원할지도 모르겠다. 탐욕만을 뒤쫓다가 어느 순간 자신이 속은 것을 알고 고개를 들 때, 우리가 보게 될 것은 황폐해진 사회와 다들 왜 뛰는지도 모른 채 어디론가 숨 막히게 떠밀려가고 있는 우리들의 비참한 모습일 것이다.

자유를 위한 마지막 용기

━━━━━━

우리는 이제 어떻게 해야만 할까? 어떻게 해야 자기계발서라는 함정에서 빠져나올 수 있을까? 도대체 어떻게 해야 자신의 운명을 스스로가 판단하고, 개척해 나갈 수 있을까? 나는 이 질문의 답을 칸트의 유산에서 찾는다.

Sapere aude(Dare to know, 과감히 알고자 하라)

우리는 끌어당김의 법칙에서 무엇을 본 것일까? 성공학, 인플루언서, 경제적 자기계발서를 통해서는? 그게 무엇이든, 우리는 자기계발서의 가르침대로 우리 삶의 빈자리를 경제적, 사회적 성공으로 채우려 한다. 자신이 꿈꾸고 싶어 하는 미래마저도 다른 무엇인가에 의지해야만 하는 지금, 우리는 어쩌면 세상에서 가장 슬픈 시대에 살아가고 있는지도 모를 일이다. 가장 자유롭지만, 또 가장 구속된 시대에서.

　'종교적 믿음의 거부가 종교가 모습을 드러내는 모든 측면에 대한 적대감을 의미할 필요는 없다.'(리처드 노먼, 삶의 품격에 대하여, 돌베개, 37pg) 그러니, 자기계발이라는 유사 종교적 믿음을 거부한다는 것 또한, 자기계발 문화 자체에 대한 적대감을 의미할 필요가 없다는 뜻이다. 강조하지만, 자기계발서 또한 우리 사회를 채우고 있는 하나의 현상에 불과하다. 자기계발서를 통해 목표를 얻었다면, 얼마든 나아가도 좋다. 비겁한 양비론이라고 이야기할 수 있겠지만, 사실이다. 나는 물론이고, 이 세상 누구도 다른 사람의 사상과 생각을 평가할 권리는 없다. 그러니 자기계발서를 읽고 싶다면 얼마든지 읽어도 된다! 자기계발서의 논지를 이용해서 충실한 삶을 꾸려나간다면, 그걸로 충분하니까.

하지만 만약 자기계발서가 강요하는 메시지에 깊이 빠져 길을 잃은 사람이 있거든, 용기를 내어 저 짧은 라틴어 문구를 생각해 보자고 제안한다. 우리는 알 권리가 있다. 그러니 알자. 알아야 한다. 우리가 누구인지, 우리는 왜 자기계발서 속 헛된 메시지에 흔들리는지. 그렇게 다른 누군가에게 의지하지 않고, 자유와 이성, 생각과 판단으로 자신이 나아갈 길을 한 번쯤 고민해 보자는 것이다. 이는 계몽이 아닌 동조다. 함께 길을 걸어가자고 손을 내미는 것. 그 사람이 내디딜 길을 한 번쯤 닦아주는 것. 그리고 나는 그 가운데서 우리가 놓치고 있는 가치를 다시 한번 이야기하고 싶은 것이다.

에리히 프롬은 저서 『소유냐 삶이냐』에서 허구로 인해

서 현실을 직시하지 못하는 이들에 대해서 지적한다. '왜?'
라는 질문 하나면 금이 간 둑처럼 무너져버릴 권위에 의
지하는 이들. 우리는 지금, 우리의 침묵이 우리를 구속하
는 악순환에 빠져있는 셈이다. 자기계발서는 성공과 동의
어가 아니다. 아니, 전혀 다른 범주에 속해있다. 자기계발
서를 읽지 않더라도 성공하는 데 아무런 지장이 없다. 우
리 사회에서는 자기계발서를 한 페이지도 읽지 않고 자신
의 분야에서 무언가를 이루어낸 사람이 대다수이리라. 우
리가 '성공한 사람'이라고 지칭하는 사람들 가운데 자기계
발서를 읽은 이가 몇 명이나 될까? 어떤 사람이 성공한 후
자신의 이야기를 가공해 만들어낸 성공담에 의지해야 할
필요가 있을까?

　자기계발서가 그들을 성공으로 인도한 것이 아니라, 그
들의 성공담이 자기계발서가 되었을 뿐이다. 그럼에도 도
대체 언제부터 자기계발서가 성공의 상징이 되었는지는 모
르겠다. 하지만 어느새 우리는 자기계발서를 읽지 않으면

성공할 수 없다는 이상한 논리 속에 갇혀있다. 말도 안 되는 논리라는 것을 알고 있음에도 침묵한다. 침묵한 자들의 침묵이 모여, 최악의 결과를 만들어내고 있는데도 눈을 감고 귀를 막는다. 우리는 패배자가 아니다. 그 누구도 우리에게 패배라는 결과를 안겨주지 않았다. 하지만 우리는 졌다. 우리 자신을 침묵시키는 방법을 혼자 배워가면서.

앞으로도 수많은 자기계발서가 나오고, 사라져갈 것이다. 현재 유행하고 있는 인플루언서의 성공담을 담은 자기계발서 혹은 경제적 이익을 앞세운 자기계발서와 같이. 어쩌면 끌어당김의 법칙이 다시 유행할 수도 있겠다. 스마트폰과 전자기기가 일상화된 상황에서 자기계발서는 우리에게 점점 더 가까이 다가올 것이다. 그리고 자기계발서 시장은 넓어질 것이다. 누구나 성공할 수 있다는 자기계발서의 메시지는, 성공만이 답이라는 현대 사회의 지향과 더불어 사람들을 홀리고, 지배할 것이다. 그 지배 앞에서 침묵할 때, 우리는 우리의 자유를 잃고 살아가게 될 터다. 자유

를 버리고 기꺼이 복종을 선택했던 우리의 아픈 역사가 증

명해 왔듯이.

6

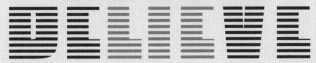

자기계발서에 안녕을 고하며

인간적인 너무나 인간적인

═══════

자기계발서를 읽은 후에 알 수 없는 무언가가 내면을 가득 채우는 것과 같은 느낌을 받을 수 있다면, 당신은 충분히 운이 좋은 사람이다. 물론 그 고양감은 어떤 말로도 설명할 수 없겠지만, 당신은 알고 있다. 당신은 지금 무엇이든 해낼 수 있을 것만 같은 자신감과 확신에 가득 차 있다는 것을. 자신이 송두리째 변한 것 같다는 극대화된 자존감은, 그 어떤 것도 나를 막지 못하리라는 과장된 신념에 가

닿는다. 누군가는 그 신념을 인사이트라고 부르고, 다른 누군가는 동기부여라고 부르겠지만 사실 큰 상관은 없다. 확실한 것은 따로 있으니까. 그것은 바로 지금, 자기계발서를 읽고 불꽃처럼 타오르는 무언가를 느낀 당신이 - 다시 말하지만 - 충분히 운이 좋은 사람이라는 것. 그리고 그와 동시에 당신은, 굳이 자기계발서를 통해 삶을 바꾸어야 할 정도로 충분히 나약한 사람이기도 하고.

'나약함'이라는 단어에 눈살을 찌푸릴 수 있겠다. 물론, 나도 알고 있다. 나약함이라는 단어는 충분히 부정적이고, 또 공격적이라는 사실을. 어쩌다가 우연히 자기계발서를 읽고, 자기계발서가 주는 특유의 고양감을 느꼈을 뿐인데, 그것을 나약함이라고 싸잡아 비난한다니. 거기까지 생각이 미친다면, 나의 단어 선택에 충분히 부아가 치밀 수 있을 것만 같다. 하지만 당신이 자기계발서에 관한 장난과도 같은 사실들을 - 그러니까 지금까지 우리가 논의한 그 사실들 - 가볍게라도 고려해 보았다면, 당신은 공포와 불안, 고

독이라는 것에 자유를 빼앗긴 채 살아가는 것이, 우리가 바라왔던 삶은 아니라고 생각하게 될 것이다. 그리고 우리는 한 사람의 운명이 그렇게 가벼이 결정되어서는 안 되는 일이라고 느끼고 있다.

만약 우리가 삶에 순응한 채 살아가고자 한다면, 삶이 크게 복잡해질 일은 없다. 언제나 그래왔듯 고민 없이 지내면 될 테니까. 그저 자기계발서의 종교와도 같은 가르침을 받들면 될 뿐. 자기계발서가 가지고 있는 무한한 긍정 속에 빈틈은 없고, 자기계발서가 품고 있는 부조리에 의문을 제기할 필요도 없다. 그저 자기계발서의 아이디어가 세상의 전부인 양 믿고, 강요된 긍정 속에서 살아가면 된다. 자기계발서를 믿고 살아가다가 그 믿음이 점차 시들해진다면 그 또한 받아들이면 된다. 나중에는 자기계발서 따위는 잊고 살아가게 될 테니. 그러다가 어느 순간, 자기계발서가 꽂혀있는 책장을 보게 되면, '아, 이번에는 자기계발서라는 장삿속에 빠졌었던 것이었나 보다, 돈 아깝다'라고 생각하면 된다. 특별할 것도, 어려운 것도 없다.

하지만 만약 당신이 당신의 삶을 한 번쯤 바꾸어 보기를 원한다면, 나아가 성공하고 싶다는 원대한 꿈을 품고 있다든지, 다른 사람들을 짓밟고 그 위에 서보고 싶다면, 이 세상에 존재하는 수많은 자기계발서는 훌륭한 지침이 된다. 그런 순간에 접하게 되는 자기계발서는, 당신이 성공을 위해서 마땅히 받아들여야 할 운명의 한 장처럼 다가온다. 자기계발서에 빠진 당신은 자의식이 과잉되어 있고, 성공에 대한 확신으로 차 있다. 그저 스스로를 바꾸고 싶어서 자기계발서를 읽기 시작한 것이겠지만, 자기계발서 앞에 진정한 '나'는 종적을 감춘 지 오래다. 그러니 우리는 솔직한 마음으로 자기계발서의 역할과 의미를 생각해 보아야 하는 일이다.

당신은 스스로를 바꾸고 싶어 하는 마음을 품을 수 있을 만큼 의지가 강하고, 굳센 사람인지도 모르겠다. 그래서 성공할 방법이 적혀 있다는 자기계발서를 펼쳐 든 것이기도 할 테고. 하지만 빠르든 늦든, 자기계발서를 읽은 대부분의 사람은 언젠가 '더는 아무것도 할 수 없다'고 생각하는 지점에 이르게 된다. 물론 자기 자신만큼은 그렇지 않으리라고 생각하겠지만 글쎄, 지금까지 우리가 그렇게 오만을 부렸던 것 중 끝까지 지킨 것이 과연 몇 가지나 있을까. 당장은 지켜낼 수 있겠지만, 상황이 바뀌면 가장 먼저 떨쳐내지 않을까. 어찌 보면 당연한 일이다. 다시 말해서, 자기계발서를 따르다 포기하는 것은 지극히 인간적인 문제다.

자기계발서를 잘 읽는 방법에 대해서

═══════════

　자기계발서와의 결별은 분명 인간적인 선택이다. 하지만 솔직히 말하자면, 자기계발서와의 동행 또한 인간적인 선택임은 분명하다. 가만, 지금까지 실컷 자기계발서를 비판해 왔으면서, 이제 와서 자기계발서를 옹호하는 것 아니냐는 반발이 나올 수 있겠다. 하지만 여러 번 밝혔듯, 나는 인간이 품고 있는 자유의지를 존중한다. 그리고 그 자유의지에는 자기계발서를 믿고 따르는 것 또한 포함되어 있다. 자기계발서에 의지하는 것 자체가 비난받아야 할 이유는 없다. 마치 수년 전의 내가 그러하였던 것처럼. 자기계발서를 읽는 것도 하나의 선택이고, 존중받아야 할 삶의 방법이다.

대부분의 자기계발서는, 책 안에 '올바른 삶의 방향'이 담겨 있다고 주장한다. 이 주장은 제법 든든해 보인다. 나아갈 방향을 찾지 못해서 헤매고 있는 나에게 해답을 알려주겠다니, 얼마나 믿음직한 약속일까. 다만 한창 자기계발서에 빠져있을 당시의 나는 몰랐다. 내가 너무나 무분별하고, 무책임하게, 무수히 많은 자기계발서를 읽고 있다는 사실을. 사공이 많으면 배가 산으로 간다고 했던가. 내가 읽는 자기계발서마다 '내가 나아가야할 방향'을 알려주겠다고 거들고 나서다 보니, 결국 나는 길을 잃고 같은 자리만을 빙빙 도는 꼴이 되었다. 어쩌면 그때 느꼈던 혼란이야말로 내가 자기계발서에 빠져서 겪어야 했던 아픔의 본질인지도 모르겠다. 하지만 자기계발서를 읽고 나아갈 길을 잃었던 것은 내가 스스로 불러온 고통일 뿐이다. 자기계발서를 읽는다고 누구나 그런 고통에 빠지는 것도 아니고, 그럴 필요도 없다. 즉, 우리는 자기계발서 그 자체를 원망할 필요는 없는 것이다.

그렇기에 지금도 나는 누군가가 '자기계발서를 읽어도 되겠느냐'라고 묻거든, 기꺼이 그렇다고 답한다. 분명 이 순간에도 반신반의하며 인생 첫 자기계발서를 펼친 사람도 있을 것이고, 어려운 상황 속에서 자기계발서를 읽고 다시 한번 일어설 힘을 내는 사람들도 있겠다. 힐링 서적을 읽으며 하루의 피곤을 떠나보내려 하거나, 독설과 독기를 담은 자기계발서를 필사하며 마음에 새기는 사람도 있을 수 있다. 또 에세이나 인문 도서의 형식을 빌린 자기계발서를 재미있게 읽고 있을 수도 있겠고. 나는 그 모든 순간을 채워주는 자기계발서와 자기계발서의 메시지를 존중한다. 하지만 그와 동시에, 분명 '좋은' 자기계발서를 분별하는 방법을 알아야 한다고 생각한다. 나와 같이 자기계발서 속에서 길을 잃는 실수를 하지 않기 위해서라도.

그렇다면, 우리는 어떻게 좋은 자기계발서를 골라야 할까?

나는 좋은 자기계발서의 기준이 '힘듦'이어야만 한다고 생각한다. 여기서의 '힘듦'은 자기계발서에 흔히 나오는 '~하라', '~해라', '~하지 마라'와 같은 명령조의 문장들을 숨차게 따라 하느라 힘든 것을 이야기하는 것이 아니다. 자기계발서만 믿으면 모든 것이 그대로 이루어진다는 메시지처럼 무언가를 끌어당기느라 힘든 것 또한 제외해야 한다. 어쭙잖은 위로를 받기 위해 자신의 힘듦을 과장하는 책도 별다른 의미를 찾기는 힘들다고 생각한다. 다만 내가 이야기하는 '힘듦'은, 자기계발서가 '나의 삶을 얼마나 힘들게 만드는지'에 대한 것이니까.

자기계발서를 읽는 이유는 내가 편안해지기 위해서인 것 아니냐는 반문이 나올 수 있겠다. 하지만 그 반문에 나는 이렇게 답하고 싶다. 그것은 '편안함'이 아니라 '쉬움'이라고. 저자만 믿고 따라오라는 자기계발서, 이 책만이 유일한 성공의 방법이라는 자기계발서, 이렇게 해야만 운명이 바뀔 수 있다고 확언하는 자기계발서. 이런 유형의 자기계발서들은 몇 가지 특징을 공유한다. 내가 나의 의지로 내 삶을 이끌어 갈 수 없도록 구속하고, 나의 이성보다 자기계발서의 메시지가 중요하다고 생각하게 만들며, 무엇보다 나의 자유를 앗아간다는 것. 예를 들어 내가 자기계발서에 빠져있던 당시에는 '~만 하면 성공한다'는 식의 자기계발서가 유행이었고, 나는 그 말을 믿었다. 그 말은 자기계발서를 따르지 않으면 당장이라도 실패한다는 협박과도 같았다. 결국 나는 실패할지 모른다는 두려움에서 빠져나오지 못했다. 그렇기에 나의 자유를 철저히 무시하고 자기계발서의 말만을 따랐다. 참 '쉽게' 자기계발서에 의존한 것이다. 그 글을 읽고 판단하는 것은 '나'여야 했는데, 전혀 그럴 수 없었던 것은 물론이다.

이와 반대로 만약 당신이 읽고 있는 자기계발서가 당신을 충분히 힘들게 만들고 있다면, 그 책은 좋은 자기계발서라고 생각해도 좋다. 자기계발서에 의존하면 모든 문제를 해결해 주겠다고 쉽사리 주장하는 것이 아니라, 독자의 삶과 가치관 그리고 자유를 통한 선택을 존중하는 책. 끊임없이 고민하도록 하는 책. 그 고민이 나를 더 나아가도록 만들기 위한 책. 그리고 그 고민의 끝에 내린 결과를 내가 스스로 책임질 수 있도록 하는 책이라면, 그런 책이야말로 좋은 자기계발서라고 생각한다. 결국 좋은 자기계발서는 구속이 아닌 자유를 주는 책이어야 한다. 또한 해답이 아닌 질문을 던질 줄 아는 책이어야 한다.

자유는 고통과 동일한 크기로 찾아온다. 내가 자유를 지켜내려 한다면, 그만큼의 고통과 아픔을 감내해야 한다는 의미다. 나는 자기계발서를 읽고, 그 메시지에 무조건 순종하기보다는 비판하고, 비난하며, 내가 받아들일 메시지를 선별하고, 고통스럽게 실천해야 했다. 하지만 나는 그러하지 못했다. 자기계발서의 무한한 긍정과 위로를 마냥 받아들이지 말고, 끊임없이 고민하고 판단해야 했다. 하지만 나는 역시 그러하지 못했다. '~하라'라는 식의 명쾌한 문장을 읽을 때에도 과연 이 방식이 옳을지, 내가 갖고 있는 성향이나 성격과 어긋나는 무리한 요구가 아닌지 생각해야만 했던 것은 물론이다. 그렇지만 이번에도 나는 그러하지 못했다. 그 모든 과정에서 '나 자신'을 붙들고 있는 것은 정말 힘들고, 고통스러운 일이다. 끊임없는 생각과 고민이 이어져야만 한다니, 그런 삶이 어떻게 편할 수 있을까. 자기계발서 앞에서 '스스로' 판단하는 법. 나는 그 방법을 배우지 못했었고, 그랬기에 아픔을 겪었다. 하지만 누구나 똑같은 실수를 할 필요는 없다.

자기계발서가 나를 이끌어서는 안 된다. 자기계발서는 그저 나의 뒤를 부드럽게 밀어주는 역할이면 족하다. 그래야만 내가 나로서 살아갈 수 있다. 자유를 위한 고통. 우리는 기꺼이 그 고통을 받아들여야 한다. 우리가 단 한 순간이라도 자유를 놓친다면, 자기계발서는 유려하고 부드럽게 우리 삶에 침투해서 우리가 살아가는 방식을 제멋대로 바꾸려 들 것이다. 그리고 끊임없이 우리의 자유의지를 꺾으려 할 것이고. 그러니 우리는 우리를 힘들게 하는 자기계발서를 선택해야만 한다. 자기계발서가 나를 이끄는 것이 아니라, 나의 뒤에서 나를 밀어줄 역할에 그치도록 끊임없이 생각하고, 판단하고, 고심할 수 있게 하는 책을 선택해야만 한다.

만약 우리가 마주하고 있는 자기계발서가 우리의 자유의지를 무시하더라도 실망할 필요는 없다. 그 책을 읽는 것은 우리 자신이고, 의미를 찾아내는 것 또한 우리 자신이다. 우리가 편안함이 아니라 힘듦을 찾아내면 되는 것이고, 우리는 그 메시지를 선택할 수 있다. 그래야만 한다. 그렇게 해야만 우리가 우리 자신으로서 살아갈 수 있다. 힘없이 끌려갈 것인가, 힘차게 뛰어나갈 것인가. 우리는 이 질문에 답해야 한다. 그리고 그 순간에 이르러야만 자기계발서는 자신이 숨겨두었던 진짜 진주 같은 보물을 내어주게 될 것이다. 성공과 더 나은 삶이라는 귀한 보물의 끝에 있는 '참된 나'를.

하나의 글은 하나의 고통으로부터

─────

하나의 글은 하나의 고통에서 비롯된다. 지금 내가 자기계발서를 읽고 겪었던 아픔을 글로 남길 수 있는 것은, 어쩌면 그때 내가 겪어야 했던 아픔이 너무나 고통스러워서였는지도 모른다. 혹은 그때 내가 겪어야 했던 시린 고통과 모멸감 때문일 수도 있다. 생각하고, 생각한다. 자기계발서에서 나온 사례들처럼 그렇게 간절하게 끌어당겼는데도, 나는 왜 성공할 수 없었던 걸까? 내가 꿈꾸던 모든 것들을 그렇게 생생하게 시각화했는데도 - 금방이라도 내 손에 잡힐 듯이 - 도대체 왜 실제가 되지는 않았던 것일까? 자기계발서에서 시키는 대로 온 힘을 다해서 살아왔는데, 무엇 때문에 내 삶은 엉망으로 떨어졌고, 그렇게나 많은 것을 처참히 잃어야만 했을까? 요컨대 나는 어째서 '자기계발'에 실패한 것일까? 이렇게나 비참하고, 아프고, 고통스럽게 말이다.

당연히 나도 사람이다. 다시 말해서, 나도 내가 했던 과거의 선택을 부정하고 싶은 생각은 없다. 내가 했던 선택을 '패배'라고 부르고 싶지도 않다. 또한, 자기계발서를 읽고 그 메시지를 따라하는 순간순간에 내가 느꼈던 어쭙잖은 우월감이 거짓이었다고 이야기를 지어낼 필요도 없다. 자기계발서를 읽는 것만으로도 무엇이든 이루어질 수 있을 것 같았고, 어떤 것이든 해낼 수 있을 것 같았던 그 무모한 자신감을 기억 속에서 지워낼 수도 없다. 그래, 차마 거짓을 이야기할 수는 없는 일이다. 가끔은, 아주 가끔은 그 못

난 우월감이 그리울 때도 있을 정도니까.

하지만 나는 끝내 자기계발서의 저자가 이야기한 사례와 메시지를 따라 하는 데 실패했다. 그리고 자기계발서를 읽고 그 방식대로 살아가려 했던 시도 또한 포기해야 했다. 어째서냐고 묻는다면, 더는 견딜 수 없었다고 말하는 것이 옳겠다. 그때의 나는 아무것도 바뀌지 않는 상황에 욕지기를 느꼈고, 자기계발서가 무너뜨린 나의 자존감은, 나를 벼랑 끝으로 - 문자 그대로 '벼랑 끝'으로 - 내몰았다. 자기계발서의 문장 한 줄 한 줄을 읽을 때면 멀미를 하듯 울렁거림을 느꼈다. 대학교 자퇴, 사업, 미라클 모닝, 성격을 외향적으로 바꾸는 일, 명상, 마인드 셋, 확언. 내가 자기계발서를 보고 시작했던 이 모든 것들은 오답이었다. 그리고 나는 사방에서 바람이 불어와 휘청거리는 종처럼 뎅- 뎅- 울려대는 터질 것 같은 머리를 이고 살아갔다. 결국 나는 패배한 것이다. 그리고 자기계발서와 자기계발서가 확신하고 외쳐대는 가르침에 패배자를 위한 자리는 없었다. 나는 자기계발이라는 패러다임에서 비참하게 버려졌고, 더는 아무 것도 할 수 없었다. 그렇게 간절하게 바라던 '성공'이 문제가 아니었다. 나는 가장 먼저 살아야만 했다. 본능적으로 느꼈다. 나는 더는 버틸 수 없다는 것을. 그리고 더 버티려 하면 나는 더 비참해지리라는 것을.

사람의 마음을 가득 채우던 어떤 것이 갑자기 비어버리면, 그 빈자리에는 싸늘한 침묵만이 남게 된다. 자기계발서에 병적으로 집착했던 나에게, 자기계발서가 사라진 공간은 너무나 크고 넓었다. '나'라는 존재가 사라진 것 같다고 느껴진다면 믿을 수 있을까? 당연했다. 졸지에 패배자가 되어버린 나에게는 자책만이 남았다. 자기계발서에 미쳐서 자기계발서 속 노예로 살아가야 했던 것도 모두 나의 선택이었고, 잘못이었다. 누구도 원망할 수 없었다. 나의 삶이 이렇게 무너져 내린 것을 보니, 허무하고 무서웠다. 그리고 사무치게 외로웠다. 아, 어쩌면 내가 가장 두려워했던 것은 자기계발서를 믿은 과거의 내가 아니라, 그 결과를 책임져야만 하는 지금 나의 삶이었는지도.

나는 결국, 비겁했던 거다.

인생을 걸고 자기계발서의 가르침에 복종하며 지낸 3년여의 기간 동안, 나는 정말 많은 것을 잊고, 잃었다. 내가 나로 살아가는 법도. 어딘가에 의존하지 않고 나의 의지로 일상적인 선택을 해 나가는 방법도. 삶의 두려움을 견디는 방법은 물론, 인간으로서의 외로움을 이겨내는 방법까지도. 에리히 프롬은 '오로지 복종만 할 수 있고 불복종은 할 수 없다면 그는 노예다.'(에리히 프롬, 불복종에 관하여, 마농지, 13pg)라고 했다지. 그 말에 따르자면 나는 자기계발서의 노예나 다를 바 없었다. 펑펑 울면서도 자기계발서의 메시지를 의심소자 하지 못했던 이 바보 같은 노예는, 시간이 지난 후 자신을 돌이켜서 '미쳤었다'고 이야기한다. 내가 미치지 않고서는 이런 극단적인 상황에서도 자기계발서를 또 펼치진 않았을 테니까. 그리고 그걸 깨달은 어느 날, 나는 자기계발서라는 환상에서 깨어났다. 너무나 아프게, 너무나 슬프게 그리고 너무나 비참하게.

견고한 나약함을 믿으니까

———

'인간의 두뇌는 20세기에 살고 있지만, 대다수 사람들의 심장은 아직도 석기시대에 살고 있다. (……) 그들에게는 신화와 우상이 필요하다.'(에리히 프롬, 자유로부터의 도피, 휴머니스트, 12pg)

에리히 프롬의 통찰은 많은 것을 시사한다. 아직 우리의 본능은 석기시대의 그것을 넘어서지 못하고 있다. 소속감을 느끼면서 무리생활을 하고, 샤먼이 부리는 주술과 예언을 믿고, 천둥과 번개를 신의 진노라고, 불은 신의 은총이라고 생각하며. 그러므로 우리에게는 끊임없는 우상이 필요하다. 우리는 수백 년의 투쟁으로 자유를 얻어냈음에도, 언제든 자유를 얻기 전 복종의 과거로 회귀하기 위한 준비가 되어있다. 그렇기에 우리는 우리의 자유를 지키기보다 성공이라는 새로운 개념의 우상에 더 쉽게 빠져드는 것인지도 모르겠다. 그렇다면 우리는 이 우상을 어떻게 깨뜨려야 하는 것일까? 어떻게 해야 우리의 이성과 자유를 지켜낼 수 있을까?

성공이라는 신화와, 그 신화의 복음서인 자기계발서의 도래. 이 거친 물결에서 우리 스스로를 지켜내는 해답은, 역설적으로 우리가 나약하다는 사실을 인정하는 것이다. '견고한 나약함'. 우리에게는 신화와 우상이 필요할 수밖에 없다는 것을 인정하는 용기 말이다. 도대체 언제부터 패배의 감정이 우리가 지향해야 하는 것이 되었는지 질문이 나올 법하다. 패배주의는 결코 긍정적인 감정이 아니라고 반문할 수도 있겠다. 하지만, 내가 여기서 주목하고자 하는 것은 오히려 용기다. 우리 삶을 바꾸어 낼 수 있는 '직시하는 용기' 말이다.

견고한 나약함은, 탐닉자들이 추구하는 헛된 믿음 대신 현실적인 패배주의를 지향한다. 직시하는 용기를 믿는 것이다. 자기계발서라는 헛된 우상에 빠져, 오지 않을 희망과 꿈을 그리는 것이 아니라, 나약하고, 때로는 엉망진창이며, 많은 순간 좌절할 수밖에 없지만 그래도 삶을 꿋꿋이 살아가는 나 자신을 믿는 것. 견고한 나약함을 알아차린 이들에게 패배주의는 패배의 상징이 아니다. 오히려 우상을 깨뜨리고 자신의 삶을 향해 나아가기 위한 용기의 상징이자 각오다. 스스로가 나약하다고 인정하는 것. 그것은 바로 내가 나의 삶의 진정한 주인이 된다는 선언인 셈이다.

헛된 목표에 속을 필요는 없다. 단지 내가 나 자신의 나약함을 인정하고, 나 자신을 알아차린 후 천천히 나아가면 될 뿐이다. 그 나약함을 인정하는 것부터 우리는 용기를 얻을 수 있다. 다른 누군가의 삶, 누군가를 우상으로 올려둔 채 살아가는 삶이 아니고, 우리 자신만의 온전한 삶을 살아갈 수 있는 용기를. 다른 누군가가 억지로 주입한 사상이 아니라, 우리가 판단하고, 선택하고, 책임지는 용기를.

그 나약함을 견고함이 감쌀 때, 우리는 우리의 자존감을 굳건히 지켜내고, 삶의 방향을 스스로 결정할 수 있다. 알고 있다. 자신의 패배를 인정하라니, 두려운 일이다. 세상에 의지할 곳 없다는 것. 그것이 얼마나 고통스러운 일인지 또한 잘 알고 있다. 하지만 우리에게 필요한 것은, 바로 한 걸음 발을 뗄 그 약간의 용기다. 특정 자기계발서가 옳다고 생각하는 방식에서 벗어나는 것. 그 우상을 깨뜨리고 우리의 삶을 바로 세울 수 있는 용기.

우리에게 필요한 것은 바로 그 용기다.

자기계발서여, 안녕

━━━━━━

"필요하면 말해, 이야기 들어줄게."

자기계발서에 빠져있던 때, 나의 친구는 이렇게 이야기 해 주었다. 그때의 나는 그 말의 의미를 알지 못했다. 그리고 어차피 성공이 얼마 안 남았으니, 내 이야기는 나중에 들려주어도 된다고 생각하고 있었다.

그렇게 2년이 더 흘렀다. 나는 20대 중반이 되었고, 가진 것이라고는 - 앞서 언급했듯 - 아무것도 없었다. 돈도, 친구도, 자존심과 자존감, 나아가 나에 대한 믿음조차 모조리 깨져 있었으니까. 더욱이 2년의 세월을 미친 듯 흘려보내며, 내 곁에는 아무도 남지 않았다. 나의 사람들과 했던 연락은 몇 년 전이 마지막이었고, 모두 내 모습에 질려서 떠나갔다. 그리고 무엇보다, 나는 그들에게 연락할 용기가 없었다. 그렇지만, 나에게는 진정 누군가가 필요했다. 그간의 내 이야기를, 내가 흘려보냈던 나의 삶을, 나의 멍청하고 바보 같았던 선택을 들어줄 누군가가. 휴대전화를 들고 한참을 고민했다. 그리고 눈을 꼭 감고, 그 친구에게 전화를 걸었다.

2년 만에 연락한 나를 그 친구는 변함없이 기쁜 목소리로 반겨주었다. 오히려 말문이 막혀있던 것은 나였다. 나의 지난 3년을 도대체 어디서부터 어떻게 이야기해야 할지 알 수 없었다. 그렇게 한참의 침묵이 이어졌다. 그리고 그 친구는 뛰어난 인내심을 발휘해서 나의 말을 기다려주었다.

그러다 조심스럽게 이야기했다. "고생 많았어."라고. 그 따스한 말이 나의 모든 것을 허물어뜨렸다. 나는 한참을 흐느끼며 두서없는 말을 중얼거렸고, 친구는 묵묵히 들어주었다. 나의 삶이 통째로 부정당한 시간. 이해하기 쉽지 않을 시간에 대한 이야기를.

사실 내가 한 이야기는 길지도 않았다. 도저히 할 말이 없었으니까. 자기계발서를 읽고, 미쳤었고, 그 미친 생각으로 수많은 일을 시작했다가 실패했고, 아무것도 남은 것이 없게 되었고, 이제는 나의 삶까지 부정당하게 된 것 같고. 이게 전부였다. 그래, 나의 지난 3년은 딱 저 한 문장으로 요약할 수 있는 형편없는 것에 불과했다.

나는 자기계발서와의 안녕을 고한다.
내가 시작했던 그 어리석은 일들이, 그 꿈같던 순간들이 나의 뇌리를 스친다.

여전히 자기계발서의 늪에 빠져 스스로를 잃어가는 이들의 손을 잡고 조용히 이야기하고 싶다. 자기 자신을 기억하라고. 자신의 삶으로, 자신이 살아 숨 쉬어야 하는 곳으로 돌아가는 게 어떻겠느냐고. '온전한 나 자신'이 전제되지 않는 한, 자기계발서만 수십, 수백 권 읽는다고 삶이 달라지지는 않으며, 그것은 오히려 당신의 삶을 망칠 것이라고.

물론 한결같이 이야기해온 것처럼, 내가 섣불리 누군가의 희망을 꺾으려는 것은 아니다. 누군가가 펼친 날개를 자르려는 것도 아니다. 그리고 누누이 이야기해 왔듯, 자기계발서를 읽고, 자기 삶의 가치를 제고하는 데 긍정적으로 이용하는 사람도 있을 수 있다. 당신의 목표는 오직 당신의 것이어야지, 누군가가 그것을 부여하거나, 안겨줄 수는 없다. 이 삶은 당신의 삶이다. 당신이 규정하지 않는 삶을 살아가는 것에는 아무런 의미도 없다. 나는 그 말을 건네고 싶을 뿐이다.

나의 삶은 틀어졌다. 그리고 수년의 시간이 흐른 지금까지, 나는 내 삶을 되찾기 위해서 치열하게 싸우고 있다. 그때보다 더 괴롭고, 슬픈 날들이 계속 이어지고 있지만 그럼에도 살아간다. 헛된 믿음과 우상으로 아픔을 이겨내던 때가 그리운 날도 있지만, 그럼에도 그때로 돌아가고 싶지는 않다. 모든 것을 잃은 내가 얻은 깨달음은 오직 하나다. 나의 삶은 내가 만들어가야 한다는 것을. 아무리 비루하고, 아프더라도 나의 삶 그 한 가운데는 다른 무엇도 아닌 '내'가 있어야 한다는 사실을.

어리석은 나는, 이제야 깨달은 것이다.

7

마치며

아무리 생각해도 이상한 일이다. 자기계발서를 비판하는 글을 쓰고 있는 내가 자기계발서를 필사한 노트를 아직도 가지고 있다니. 나는 이 책, 특히 이 장을 쓰며 그 노트를 한 장 한 장 넘겨보았다. 한창 자기계발서에 빠져있었던(아니, 솔직하게는 미쳐있었던) 나의 비참한 모습이 노트의 페이지마다 생생하게 보이는 것만 같다. 모든 것을 할 수 있다고 확언했고, 해내야 한다고 믿었던 나의 모습이 너무나 생생해서 마음이 찢어진다. 그럼에도 왜 나는 이 노트를 지금까지 버리지 못했을까? 보는 것만으로도 이렇게나 슬프고 고통스러운데, 어째서? 나는 그 이유를 내가 자기계발서를 모두 내다 버린 당일에 썼던, 눈물로 얼룩진 길고 긴 일기의 마지막 장에서 찾을 수 있었다.

"오늘, 내가 가지고 있고, 읽었던 모든 자기계발서를 버렸다. 이 일기장을 제외한 지난 3년간의 일기도 모두. 더는 견딜 수 없다. 억지로 참아낼 수도 없었다. 그래서 포기했다. 지난 3년간 포기는 곧 죽음이라고 외웠는데, 생각 외로 포기는 쉬웠다. 아마, 이 순간이 조금은 더 일찍 왔어야하는 것이었는지도 모르겠다. 베란다에서 하늘을 바라보던 시간보다, 땅을 바라보며 눈물을 흘렸던 순간이 많아졌던 그때 말이다. 그럼에도 내가 모든 것을 담아두었던 이노트만큼은 차마 버리지 못했다. 아무리 비루했고 못났더라도, 또 아무리 고통스럽고 괴로웠더라도……. 이 공책은 나의 삶이었고, 나의 꿈이었고, 나의 목표였고, 나 자신이었다. 그러니까, 슬프다. 나의 3년이 고작 이런 공책 한 권의 값어치라는 게."

그래, 나도 알고 있다. 감히 이야기하자면, 누구보다 잘 알고 있는지도 모르겠다. 자기계발서가 이야기하는 주장들에 빠져든다는 것이, 그리고 그 가운데서 '내'가 아닌 '자기계발서 속의 누군가'로 살아가야 한다는 것이 얼마나 힘든 일인지. 물론 누군가가 자기계발서에 빠졌다고 해서 그를 섣불리 위로하고 싶지는 않다. 나에게는 그럴 자격이 없다. 우리 자신의 인생은 각자가 만들어 가는 것일 테니까.

그러니 나의 삶을 돌이켜 본다. 이 사실을 인정한다는 것이 마음 아프지만, 내가 겪었던 이 모든 일들은 나의 선택이 불러온 아픔이었고, 내가 만들어간 나의 인생이었다. 비록 내 삶의 가장 치열한 3년의 결과가 고작 노트 한 권이라고 하더라도, 그래, 그게 나의 삶이다. 자기계발서를 포기한 지 십여 년이 지난 지금이 되어서야, 나는 그 사실을 깨달은 것이다.

지금, 누군가는 처음으로 자기계발서를 펼쳐볼 것이다. 유튜브에서 우연히 본 동기부여 영상에 심장이 뛰는 경험을 한 사람도 있을 것이다. 그리고 부를 쌓아야 한다고 주장하는 온갖 영상들을 믿고 따라 하려는 사람들이 있을지도 모르겠다. 그와 동시에 누군가는 이 모든 것이 잘 짜인 사기극이라는 것을 깨닫고 특정 자기계발서나 영상에서 눈을 돌렸는지도 모르겠다. 수많은 사람이 각자의 선택으로 각자 자기계발서를 받아들이고 있을 것이다. 앞으로 얼마나 많은 시간이 흐르고, 얼마나 깊은 믿음이 필요할지는 모르겠지만, 그들에게는 무언가 변화가 있을 것이다. 그리고 나는 그 변화가 그저 좋은 변화이길 바랄 뿐이다.

노트를 덮는다.

이제, 버릴 때가 되었으리라.

자기계발서의 함정에서 벗어나기

초판 1쇄 인쇄	2024년 8월 1일
초판 1쇄 발행	2024년 8월 22일

지은이	최하늘

펴낸이	이장우
책임편집	송세아
편집	안소라
디자인	theambitious factory
마케팅	시절인연
제작	김소은
관리	김한다 한주연
인쇄	KUMBI PNP

펴낸곳	도서출판 꿈공장플러스
출판등록	제 406-2017-000160호
주소	서울시 성북구 보국문로 16가길 43-20 꿈공장 1층

이메일	ceo@dreambooks.kr
홈페이지	www.dreambooks.kr
인스타그램	@dreambooks.ceo

전화번호	02-6012-2734
팩스	031-624-4527

ISBN	979-11-92134-76-5
정가	16,800원